LA THÉRAPEUTIQUE

DES

PÉCHÉS CAPITAUX

LA THÉRAPEUTIQUE

DES

PÉCHÉS CAPITAUX

PAR LE

DOCTEUR J. LAUMONIER

> LA GOURMANDISE. — LA PARESSE
> LA LUXURE. — LA JALOUSIE. — LA COLÈRE
> L'ORGUEIL. — L'AVARICE

PARIS

LIBRAIRIE FÉLIX ALCAN

108, BOULEVARD SAINT-GERMAIN (VIe)

—

1922

AVANT-PROPOS

Ce livre est, à peu de chose près, la reproduction
des conférences que j'ai faites, pendant le premier semestre de 1921, à l'École de Psychologie sur la thérapeutique des péchés capitaux, question dont je m'occupe de longue date, puisque, dès 1910, le *Bulletin
général de thérapeutique* publiait quelques-uns de mes
travaux sur la paresse et la colère.

Toutefois, au cours de ces recherches, mes idées ont
changé d'orientation. Après avoir, comme tout le monde
alors, sacrifié à la psychothérapie, j'ai été forcé de
constater combien peu elle est efficace, telle du moins
qu'on l'applique ordinairement en matière de passion.
Les spécialistes m'objectèrent que je manquais d' « influence ». Peut-être bien. En tout cas, mon évolution
se trouva finalement confirmée, non seulement par les
renseignements concordants que j'obtenais des professeurs et des instituteurs, des prêtres et des médecins
les plus férus de la méthode médico-pédagogique, mais
aussi par l'abandon, excessif au surplus, dans lequel
est actuellement tombée la psychothérapie.

Au plein de cette enquête un peu décourageante,

j'eus l'occasion de voir, en 1913, une fillette (cf. son observation au chapitre V), qui fut guérie de sa jalousie, ignorée du médecin, par le simple traitement de ses troubles hépatiques. Ce fait, rapproché de quelques autres consignés par les auteurs ou que j'avais moi-même constatés, m'incita à rechercher les troubles viscéraux et endocriniens qui peuvent exister chez les passionnés et à déterminer le rôle qu'ils jouent dans leur passion. C'est ainsi que je fus amené, tant par la clinique renforcée de tous les moyens de laboratoire, que par les résultats thérapeutiques, à une conception de la pathogénie des passions très différente de celle qui a présentement cours. Bien entendu, je n'ai nullement la prétention d'en revendiquer la paternité exclusive. Beaucoup d'autres, avant moi, ont émis des idées analogues et d'abord les anciens médecins. Mais la connaissance moins imparfaite de l'action du système nerveux autonome et la mise en lumière de l'importance des fonctions endocriniennes sur les troubles de l'émotivité et les déviations instinctives qui sont à la base des passions, apportent des arguments nouveaux et assez impressionnants qu'il m'a paru bon de faire valoir. Telle est la première raison qui m'a engagé à publier ce petit livre.

Il y en a une autre. Depuis une quinzaine d'années, je réunis les matériaux d'une étude sur le traitement collectif des maladies sociales, et quelques parties de ce travail, que j'espère pouvoir bientôt achever, ont déjà paru isolément (1). Or, les péchés capitaux se rattachent plus intimement qu'on ne croit aux maladies sociales, dont ils sont plus souvent la cause que l'incidence. C'est pourquoi j'ai insisté, à propos de chacun

____

(1) J. LAUMONIER, Thérapeutique sociale (*Bulletin général de thérapeutique*, 2ᵉ semestre de 1911, 1912, 1913, 1915 et 1916).

d'eux, sur leurs relations avec les maladies sociales et sur leurs conséquences pour la vie individuelle et collective. Il s'ensuit que la thérapeutique des péchés capitaux constitue une sorte d'introduction à la thérapeutique sociale, et que, par conséquent, celle-là devait voir le jour avant celle-ci.

Au reste, le lecteur jugera. Qu'il veuille seulement se rappeler que ce livre a été écrit sincèrement, hors de préjugé d'école et de parti pris et avec le seul désir de servir, par la recherche de la vérité, le commun bien.

J. L.

LA
THÉRAPEUTIQUE DES PÉCHÉS CAPITAUX

CHAPITRE PREMIER

NOTIONS PRÉLIMINAIRES

Les aspects de l'homme. — L'homme peut être envisagé sous trois aspects différents : morphologique, physiologique et psychologique.

A l'aspect morphologique répond la *constitution*, comme on disait autrefois, le *type*, comme on dit maintenant, type musculaire, digestif, respiratoire, cérébral ; ses altérations produisent les malformations et les infirmités.

A l'aspect physiologique ré ond le *tempérament* ou mode de fonctionnement propre à l'individu suivant l'état de sa structure ; les anciens en avaient fait une étude attentive, trop oubliée aujourd'hui. Ses troubles ont pour conséquence les *diathèses*, c'est-à-dire des modifications nutritives permanentes, qu'elles soient héréditaires ou acquises.

A l'aspect psychologique enfin répond le *caractère*, formé par la combinaison relativement constante dans sa manière d'agir et de réagir d'éléments organiques et sympathico-nerveux et d'éléments affectifs, intellectuels et volontaires. Ses perversions constituent les impulsions, les phobies, les délires.

Cette division est commode pour certaines études particulières mais elle ne répond pas à la réalité, car l'homme est un tout ; type, tempérament et caractère se conditionnent et s'influencent réciproquement et mêlent si intimement leur jeu que, pour comprendre l'un, il faut nécessairement connaître les autres.

Toutefois on peut encore considérer l'homme, non plus isolément et dans sa vie individuelle, mais par rapport aux autres hommes et dans sa vie collective ; c'est l'aspect social auquel répond la manière d'être appelée *moralité*. Celle-ci est subordonnée sans doute au caractère, donc au tempérament et à la constitution ; mais elle subit aussi fortement l'empreinte de l'ambiance humaine. De même que l'interaction de la matière organisée et du milieu cosmique aboutit à la vie physique et psychique, ainsi l'interaction de la vie individuelle et du milieu social aboutit à la vie morale.

Les désadaptations au milieu social. — Mais le milieu social est un facteur nouveau. L'homme n'a pas toujours vécu en société et sa sociabilité est une qualité en somme récemment acquise et lentement renforcée par l'effet moins peut-être de l'hérédité que de l'habitude, de l'imitation et de la tradition. En tout cas, quelles que soient les causes — permanence des unions sexuelles, capacité de nuire, entr'aide contre les ennemis — pour lesquelles les hommes se sont associés, les groupements ainsi formés n'ont pu se maintenir et se développer qu'en modifiant peu à peu les tendances originelles de l'individu, en prohibant certains actes de la vie isolée préjudiciables à la vie collective, en poussant à l'acquisition de certains autres actes qui lui étaient au contraire favorables (1). L'adaptation à la vie collective comporte donc des acquisitions et des inhibitions, et la moralité d'un individu se mesure précisément à la façon dont il réalise opportunément et les unes et les autres.

De là résulte que, sous l'influence de la vie en société, toutes les fonctions se compliquent et se perfectionnent et que, dans chaque fonction actuelle, il y a, comme le dit M. Pierre JANET, des parties anciennes et inférieures, parfois presque réduites à des réflexes, et des parties récentes et supérieures, non incorporées au patrimoine héréditaire, partant complexes, délicates et fragiles, et se dégradant, se perdant plus aisément que les premières en vertu de la *loi de régression* de LAMARCK. Si l'agoraphobe peut encore marcher seul dans sa chambre mais est incapable de traverser seul une rue fréquentée ou une place sillonnée de véhicules, c'est que ce dernier acte est bien plus difficile que l'autre, et nécessite une adaptation à des circonstances nouvelles que le malade a momentanément perdue, tandis qu'il conserve l'usage des réflexes héréditaires de la marche primitive (2). Les dégradations des fonctions affectent donc d'abord les parties les plus récemment acquises sous la pression de la vie collective et elles se traduisent en conséquence par des désadaptations ou des non-accommodations aux exigences du milieu social.

(1) H. SPENCER, *les Bases de la morale évolutionniste,* 1880, pp. 98-104, 111-113.

(2) H. SPENCER (*op. cit.,* pp. 60-61) avait noté que la vie de l'homme *moral* est bien plus compliquée que celle de l'homme *immoral,* du passionné, du vicieux, qui, absorbé par sa passion, accomplit toujours à peu près les mêmes actes. De son côté, M. PIERRE JANET a observé des désadaptés et des névropathes qui, trouvant l'existence dans leur famille trop compliquée par les règles des rapports sociaux et de la politesse, voudraient vivre dans un milieu plus simple, inférieur, exigeant moins d'attention et de tact.

Ces non-accommodations entraînent à leur tour des manifestations antisociales, tout au moins immorales, puisque, au sens étymologique et traditionnel du mot, est moral ce qui reste conforme aux habitudes, aux conventions et aux lois de la société considérée. Parmi ces manifestations prennent place les vices et les passions.

****

Définition classique du vice et de la passion. — Dans les cours de philosophie et de morale classiques, on définit ordinairement le vice « une disposition habituelle au mal » et la passion « un désordre de l'âme ». Quoique beaucoup trop simplistes, ces définitions laissent néanmoins entrevoir, par opposition de « disposition habituelle » à simple « désordre », ce qui distingue le premier de la seconde. Mais, avant d'indiquer leurs différences, il convient d'établir la communauté de leur origine.

Base organique de l'émotion. — Vices et passions appartiennent à la catégorie des sentiments. Or, le phénomène fondamental de la vie affective est l'émotion. C'est un ébranlement, un choc, produit par des changements extérieurs ou intérieurs qui entraînent des modifications organiques (circulatoires, respiratoires, sécrétoires, motrices) déterminant secondairement un état de conscience agréable ou pénible (1). Telle est son ex-

(1) Les psychologues font de l'émotion un phénomène d'inadaptation aux circonstances : par définition, l'émotion serait donc, dans tous les cas, un phénomène anormal (C. PIERRE JANET, *Revue neurologique*, 30 déc. 1909). Au point de vue physiologique, cela ne me paraît pas tout à fait exact. D'ailleurs, PITRES et RÉGIS (*les Obsessions et les impulsions*, 1902, p. 176) reconnaissent que l'émotion est un fait physiologique, composé de deux éléments, l'un organique et primordial, la modification vaso-motrice, l'autre psychologique et consécutif, le sentiment. Enfin BECHTEREW, tout en plaçant dans l'écorce cérébrale le point de départ de l'émotion, reconnaît cependant que des modifications trophiques, humorales, cénes-

pression humaine. Mais elle a des sources biologiques très lointaines et très profondes. En remontant la série zoologique, on s'aperçoit que, entre la contraction et l'expansion protoplasmiques d'une amibe sous l'action d'un agent extérieur et les manifestations humaines de la peur et de la joie par exemple, il n'y a, à aucun moment, discontinuité, abstraction faite de l'épiphénomène de conscience dont le seuil d'ailleurs nous est inconnu. Progressivement, chez l'homme, les souvenirs, les images et les idées sont venus s'ajouter aux causes extérieures du choc, mais LANGE, devancé en quelque mesure par DESCARTES, a eu le mérite de montrer que si l'élément intellectuel peut provoquer l'émotion, ce n'est qu'après avoir produit certaines modifications organiques. L'émotion, qu'elle résulte d'un changement de l'ambiance, d'une perception, d'un souvenir ou d'une idée, n'est ainsi que la conscience que nous prenons de ces modifications organiques.

Normalement, l'émotion est brusque et transitoire ; elle représente une réaction protectrice qui vise à la défense de l'individu et de l'espèce et à leur perfectionnement ; elle est donc adaptée à son but, même quand elle produit l'inhibition au lieu de l'action (1). Dès lors

thésiques, glandulaires, gagnant par la voie sympathique le psychisme inférieur (?), puis supérieur (?), peuvent déterminer des états émotionnels. Aujourd'hui, l'étude des tropismes, des tactismes et des sensibilités différentielles met hors de conteste l'origine organique de l'émotion.

(1) Pendant que ce livre était à la composition, a paru l'important travail de M. LARGUIER DES BANCELS, *Introduction à la psychologie : l'instinct et l'émotion*. Dans ce travail, riche de documents physiologiques, l'auteur perd cependant de vue les rapports du réflexe et de l'émotion, parce que l'émotion, pour lui aussi, est un phénomène anormal. Or l'émotion n'est anormale que lorsqu'elle est *désadaptée*. Aussi M. Larguier des Bancels considère-t-il l'émotion comme un « raté » de l'instinct, et c'est pourquoi il présente la colère et la peur, par exemple, comme des manifestations de défense improductive. Mais cette conception est purement anthropomorphique. L'étude de ces émotions chez les animaux prouve en quelles

comment se fait-il que l'émotion, qui doit répondre aux circonstances et s'y proportionner, soit, chez beaucoup de personnes, désordonnée et telle qu'elle cesse d'être en rapport exact avec l'événement qui la provoque ? Pour répondre à cette question, il faut faire appel aux notions récemment acquises sur le rôle du sympathique et des glandes endocrines.

Influence du système nerveux autonome. — Le grand sympathique se compose d'une double chaîne de ganglions disposés le long de la colonne vertébrale. Ces ganglions sont reliés, d'une part entre eux par des cordons connectifs, d'autre part à l'axe médullaire par les *rami communicantes*, lesquels renferment des filets centrifuges conduisant l'influx de la moelle au ganglion, et des filets centripètes ramenant l'influx du ganglion à la moelle ; chaque ganglion donne naissance à des nerfs qui se rendent aux viscères, aux glandes et aux vaisseaux, et spécialement aux muscles lisses, et dont les uns sont inhibiteurs, les autres activateurs. Enfin, au-devant de l'aorte et des grosses artères de l'appareil digestif, certains nerfs ganglionnaires s'anastomosent et forment de nouvelles masses ganglionnaires constituant des centres d'irradiation sympathique (plexus solaire, etc.). Si l'on ajoute, à cet ensemble d'origine médullaire, le parasympathique d'origine bulbaire (corde du tympan, pneumo-gastrique) et sacré• (nerfs sacrés), on a le système nerveux autonome de LANGLEY, ainsi nommé parce que, tout en ayant des relations continues et nécessaires avec l'axe cérébro-spinal, il commande exclusivement aux fonctions de la vie orga-

---

relations intimes et normales elles sont avec l'instinct de conservation. C'est seulement quand on les envisage sous l'angle de l'éducation sociale qu'elles apparaissent sous forme de déviations, ou, plus exactement, de régressions.

nique et échappe totalement à la volonté. C'est l'existence de ce système qui justifie la pensée de Pascal : « Le cœur a ses raisons que la raison ne connaît pas », pensée qui, en langage physiologique, peut se traduire ainsi : Les émotions, fournies par les vibrations du sympathique, commandent des pensées ou des actes contre lesquels s'insurge en vain l'intelligence (1).

Et en effet, ainsi qu'on l'a vu, tout changement extérieur ou intérieur, bruit, lueur, contact, choc, souvenir, image, idée, concept, etc., peut produire un ébranlement de certaines cellules cérébrales, c'est-à-dire une modification moléculaire ou physico-chimique des neurones, que, par leurs filets médullaires, les *rami communicantes* transmettent au sympathique, lequel répond par les actions vaso-motrices, l'accélération ou l'arrêt du cœur et de la respiration, la sécheresse de la bouche, les pleurs, les sueurs, l'horripilation de la peau, etc., tous phénomènes dont nous ne sommes aucunement maîtres, qui échappent à notre volonté et déclenchent les actes correspondants, mais dont, secondairement, nous prenons conscience sous forme d'émotion (2). Toutefois, pour qu'il y ait rapport entre l'effet et la cause, adaptation de la réaction à l'action, il faut, non seulement que le système nerveux soit intact, mais encore que le sympathique et les organes de la vie végétative fonctionnent normalement. Si ceux-ci, pour une cause quelconque, sont troublés, la réponse organique au changement devient insuffisante ou le plus souvent s'exagère, et l'émotion consécutive cesse d'être appropriée. De même, si le système nerveux central est déséquilibré, affaibli ou irrité (et il l'est presque toujours

(1) Ch. Fiessinger, *les Maladies du caractère*, nouv. édit., p. 20.
(2) Rappelons que, chez les hystériques, il suffit de donner une certaine attitude pour provoquer les états cérébraux correspondants.

quand les fonctions organiques ne s'accomplissent pas bien), il devient incapable de contrôler l'émotion, d'en atténuer ou d'en réfréner les effets. Alors l'émotion s'extériorise en manifestations bruyantes ; au lieu d'être passagère, elle laisse, dans le cerveau, une trace qui en permet la reviviscence, en facilite la répétition et le prolongement, et se transforme ainsi en passion, car la passion n'est qu'une émotion *fixée*, sous l'influence, soit de la brusquerie ou de l'intensité du choc (coup de foudre), soit d'une sorte de cristallisation, comme dit Th. RIBOT, autour des souvenirs émotionnels, d'images ou de concepts. Ainsi, la réaction sympathique est à la base de l'émotion, mais, suivant que le contrôle cérébral s'exerce ou non correctement, l'émotion est maintenue dans ses limites protectrices, cesse de les atteindre ou les dépasse. C'est la clinique, ne l'oublions pas, qui nous a fait peu à peu connaître le rôle du sympathique dans les déviations du caractère et l'organisation des passions, non pas seulement la clinique psychiatrique qui suit les étapes de la désadaptation à la manie et au délire, mais aussi la clinique viscérale qui nous apprend comment l'atteinte du tube digestif et du foie crée, par les filets nerveux du sympathique, la tristesse ou l'envie, celle des vaso-moteurs, la colère, celle des rameaux sexuels, le libertinage, de telle sorte que, à la source première des désordres de l'âme, on doit chercher et trouver des troubles somatiques (1) qui les conditionnent.

Influence des sécrétions endocrines. — A ces désordres

---

(1) J'emploierai souvent, dans la suite de cet ouvrage, le mot *somatique*. Il ne faut pas croire que je veuille le mettre ainsi en opposition avec le mot *psychique*. L'organisme humain est *un*. Sous cette appellation, j'entends seulement désigner tout ce qui est du ressort de la médecine ordinaire.

il y a encore une autre cause, qui, bien que parfois étroi-
tement liée au sympathique (substance médullaire des
surrénales et organes chromaffines), n'en exerce pas
moins une influence spéciale indépendante. Je veux
parler des sécrétions endocrines. On désigne sous le
nom de glandes endocrines, les glandes qui, au lieu de
déverser leurs produits d'élaboration à la surface de la
peau ou dans le canal digestif, les rejettent directement
dans le sang ; ces glandes sont donc richement vascu-
larisées et c'est pourquoi on les appelle aussi *glandes
vasculaires closes*. Tels sont la thyroïde, les surrénales,
les corps jaunes, la glande interstitielle, le thymus, l'hypophyse, etc. Or, les produits spécifiques de ces glandes,
dont un seul, l'adrénaline, a pu être jusqu'ici défini
chimiquement, interviennent d'une manière très active
sur les échanges nutritifs et le développement, et, par
là, sur l'équilibre émotif et nerveux.

Dans son travail sur l'*Expression polyglandulaire
des émotions* (1910), M. Dumas avait déjà montré
que les émotions sont accompagnées d'une certaine
hyperactivité glandulaire et il pensait que, dans la
passion amoureuse et la colère, par exemple, l'excitation initiale du cerveau peut agir sur les glandes
par l'intermédiaire de substances chimiques qu'il dé-
verse dans le sang, c'est-à-dire d'hormones. Tout récemment, M. Buscaino (1) a établi expérimentale-
ment, confirmant ainsi les recherches de Cannon,
que certaines émotions, la peur notamment, déterminent des modifications importantes dans la structure
et les propriétés histo-chimiques des cellules glandulaires (foie, surrénales, thyroïde) et des neurones.
Ces effets des émotions fortes sont hors de conteste

(1) Sulla biologia della vita affettiva (*Riv. di patol. neur. e ment.,*
19 juin 1920).

et on tend même à admettre aujourd'hui qu'elles peuvent produire un certain état colloïdoclasique. Mais la question inverse se pose de savoir si les modifications des sécrétions endocrines ne sont pas à leur tour capables de provoquer l'état émotionnel, et c'est ce que l'observation confirme.

L'arriération des enfants reconnaît le plus souvent pour cause une insuffisance des sécrétions endocrines ; celle-ci a donc pour résultat de troubler l'émotion, de rendre impossible le refoulement des instincts élémentaires par l'éducation du contrôle cérébral, de manière que l'arriéré équivaut à un désadapté. De même, nous voyons les émotions amoureuses apparaître à la nubilité, c'est-à-dire au moment où les sécrétions génitales endocrines commencent à se déverser dans la circulation. Si ces sécrétions manquent, l'instinct sexuel défaille avec tout le cortège des troubles somatiques associés ; si elles s'exagèrent, la luxure s'installe, compliquée ou non de perversions. Nous verrons, à propos de chaque péché, l'influence que peuvent exercer les sécrétions endocrines. Il suffit, pour le moment, d'avoir établi l'action générale de ces sécrétions sur l'émotion et l'instinct.

Déviations des instincts. — Entre l'émotion et l'instinct il y a, en effet, un lien de causalité, mis en évidence par la biologie. Que l'on adopte la théorie d'Herbert Spencer qui les fait dériver des réflexes, ou celle de Darwin et de Romanes, qui les regardent comme une régression de l'intelligence, les instincts ne deviennent compréhensibles qu'à titre de reliquat d'émotions systématisées (1). Rappelons-nous que l'émotion n'est que la conscience de modifications organiques de l'ordre

(1) Dide, *les Émotions et la guerre*, p. 14, 1918.

des sensibilités différentielles. Quand il n'y a pas conscience, il n'y a pas d'émotion, mais les modifications
ne s'en produisent pas moins. Or, le caractère distinctif
de la matière vivante est de lutter pour la conquête
de l'espace par la nutrition et la reproduction, ce que
nous exprimons en disant qu'elle a *besoin* de se nourrir
et de se reproduire. Mais les besoins entraînent des
tendances à l'action, laquelle, répétée et inscrite dans le
patrimoine héréditaire, constitue l'instinct. Chez l'homme,
par le fait même des modifications organiques qu'ils
traduisent, ces besoins et ces tendances deviennent
émotions quand ils apparaissent à la conscience. Toutefois il ne faut pas méconnaître le rôle de l'intelligence.
Ainsi que le soutenait déjà Frédéric CUVIER, les instincts
ne demeurent pas immuables, ils sont modifiables par
des actes nouveaux, qui, s'ils ont une utilité permanente,
peuvent se fixer et devenir eux-mêmes des instincts
secondaires, réagissant sur les primaires (1). C'est ainsi
qu'aux instincts primaires de la conservation de l'individu et de l'espèce, l'homme a ajouté l'instinct d'association qui, sans détruire les autres bien entendu, les
a modifiés dans un certain sens et partiellement refoulés. Dans tous les cas, cet instinct d'association,
qui n'est qu'une expression perfectionnée de la conquête
de l'espace, est né des émotions provoquées par le
contact des autres hommes considérés dans la famille
et comme auxiliaires ou ennemis. C'est ce que démontre
toute l'histoire de l'enfant et du sauvage et certains
psychologues paraissent avoir perdu de vue le côté

____

(1) HACHET-SOUPLET, *la Genèse des instincts*, 1912, p. 92. Voir aussi ET.
RABAUD, *Éléments de biologie générale*, 1920, p. 322 et suiv. Pour cet auteur,
ce n'est que la rapidité d'adaptation du comportement à une nécessité
immédiate qui différencie l'intelligence de l'instinct et, entre les deux, on
peut trouver tous les intermédiaires.

physiologique de la question quand ils refusent d'admettre le rôle de l'émotion dans les tendances et les instincts.

Quoi qu'il en soit du reste, puisque les troubles des réactions viscérales, sympathiques et endocriniennes, entraînent des anomalies de l'émotion, son défaut d'accommodation ne peut, nous l'avons vu, porter tout d'abord que sur la partie supérieure, sociale, des fonctions, c'est-à-dire sur les acquisitions les plus récentes imposées par la vie collective et se référant à l'instinct d'association ; il tend, par suite, à laisser la partie inférieure, ancienne, appartenant aux instincts élémentaires, prendre la prédominance, s'exalter par manque de freinage, de telle sorte que le sujet en arrive à se comporter, dans le milieu civilisé, comme une espèce d'homme primitif qui, lorsque sa raison est consentante, cherche et trouve dans sa propre dégradation morale des motifs d'excuse, ainsi que l'ont fait les Allemands pour justifier les manifestations de leurs vices et de leur brutalité originels. Ainsi, vices et passions constituent des désadaptations sociales par réapparition des impulsions instinctives primaires : c'est là leur caractère commun. Mais ils ne sont pas seulement la montée à la surface d'instincts purs, refoulés en partie, chez l'homme vivant en société, par les obligations de la vie collective. Ils sont aussi et surtout la manifestation d'une déviation, d'une perversion, par excès ou par défaut, de ces instincts qui, par l'effet d'émotions inadéquates et ne subissant plus ou subissant mal l'action du contrôle cérébral, cessent d'atteindre ou dépassent leur véritable but.

Voici, d'après MM. BÉRILLON (1) et DUPRÉ (2), le

(1) *Revue de psychothérapie*, février 1912.

(2) *Rapport au XIIe Congrès des aliénistes et neurologistes français.* Tunis, avril 1912.

tableau des principales perversions instinctives, vices
et passions :

1° Instinct de conservation personnelle :

a) Par excès : gourmandise, gloutonnerie, ivrognerie,
toxicomanie, vanité excessive et orgueil, colère, jalousie
et envie, peur de manquer, avarice.

b) Par défaut : paresse, prodigalité, propension au
suicide.

2° Instinct de reproduction :

a) Par excès : luxure et perversions sexuelles, onanisme.

b) Par défaut : dégoût sexuel, infanticide.

3° Instinct d'association :

a) Par excès : cacophilie ou pitié déréglée se mani-
festant au profit des individus les moins méritants.

b) Par défaut : égotisme, misanthropie, mythomanie,
indiscipline, anarchisme, tendance à la vie solitaire, au
vol, à l'incendie, au meurtre.

Remarquons en passant, à propos de ce tableau, que
les déviations par *défaut* dominent de beaucoup dans
l'instinct le plus récemment acquis, l'instinct d'association, tandis que, dans l'instinct de conservation et
de reproduction, dont l'origine est bien plus lointaine,
ce sont les déviations par *excès* qui l'emportent, preuve
de l'importance en psychologie de la loi de LAMARCK.

Caractères du vice. — Nous venons de le voir, vices et
passions sont des déviations des instincts trouvant leur
source dans les troubles organiques qui altèrent l'adaptation émotive. Toutefois, ainsi que le laissent pressentir
les définitions classiques rappelées plus haut, il y a,
entre les uns et les autres, des différences qu'il importe
à présent de souligner.

Le vice est généralement d'apparition précoce. Or,
quand on étudie les enfants vicieux et qu'on mène, à leur

sujet, une enquête sérieuse, on s'aperçoit presque toujours que leurs parents sont ou ont été porteurs de tares, alcoolisme, syphilis, tuberculose, intoxications chroniques, névropathies, vésanies, etc., qui expliquent l'arriération ; ces enfants d'ailleurs présentent euxmêmes les stigmates de l'hérédité morbide, malformations et retards de croissance, troubles endocriniens. Chez eux, l'inadaptation est, au moins dans une certaine direction, à peu près totale et, l'expérience en témoigne, les efforts de l'éducation demeurent souvent vains. C'est tout au plus si, dans quelques cas heureux, l'opothérapie associée à une forte discipline parvient à les améliorer. Par là, le vice se présente à nous comme une tare héréditaire, inscrite dans la structure, liée à la constitution, au tempérament et au caractère et, en conséquence, très difficilement curable. Mais peut-on devenir vicieux ? Beaucoup de psychiatres le nient, parce qu'ils observent avec raison que le vice, comme la manie ou le délire, n'est que la spécification, par les circonstances, d'un trouble organique et mental antérieur. Certes, il faut aussi tenir grand compte de l'ambiance sociale. Fait-elle autre chose que favoriser la manifestation d'une tare ancienne, quoique peut-être latente ? On peut se le demander quand on connaît les enquêtes de M. Pearson et qu'on est familiarisé avec l'histoire des vicieux. En tout cas, leur autopsie, et M. Boigey (1) nous a, à cet égard, apporté récemment quelques documents nouveaux, prouve, chez eux, l'existence de malformations et de lésions très anciennes qu'il est difficile d'attribuer aux effets du milieu. Maintenant que reste-t-il quand, pour une raison ou pour une autre, les parties supérieures des fonctions n'ont pas la possi-

(1) *Introduction à la médecine des passions*, p. 69 et suiv.

bilité de se développer ? Il reste les parties anciennes, répondant aux instincts élémentaires les plus inférieurs, qui, non bridés, s'exaspèrent par les facilités relatives que leur offrent les conditions sociales. De là le double caractère du vice, son incorrigibilité, sa bassesse.

Différence du vice et de la passion. — Ce double caractère ne se retrouve pas, au même degré, dans la passion. En effet, si celle-ci a, elle aussi, ses raisons dans les troubles organiques et le déséquilibre émotif qu'ils entraînent, les causes agissantes sont moins anciennes et moins profondes. On s'en rend déjà compte en comparant les passions aux vices qui leur correspondent, la gourmandise à la gloutonnerie, l'amour à la perversion sexuelle, la paresse à l'indifférence totale, etc. Elles apparaissent donc comme des manifestations désadaptatives de même ordre, mais s'exerçant plus superficiellement et dans une sphère plus haute, plus riche en éléments intellectuels, celle du caractère. Voilà pourquoi Th. Ribot (1) définit la passion, au point de vue psychologique, un caractère *partiel.* De fait, l'émotion, violente, répétée ou prolongée, ne crée, en certaines circonstances, le sentiment puissant et à tendances envahissantes qu'est la passion, l'idée dominante et acceptée, qu'en conformité avec le contenu du caractère. Une même passion change d'allure avec les personnes parce qu'elle ne peut emprunter les matériaux qui la composent que sous la forme où ils existent dans le caractère. Aussi, certains caractères sont-ils plus disposés à l'état passionnel que d'autres, ou plus disposés à telle passion qu'à telle autre. Le plus souvent il est cependant nécessaire qu'intervienne, encore qu'elle soit parfois méconnue, l'occasion, un choc, un accident,

(1) *Essai sur les passions,* 2ᵉ édit., p. 151.

une maladie ou plus simplement un état physiologique, d'emprise moins grave et généralement moins durable qu'une tare héréditaire, pour que se manifestent l'inadéquation de la réaction à l'action et l'insuffisance d'emblée ou progressive du contrôle cérébral. Ainsi s'explique que l'éclosion de la passion soit subordonnée à un ensemble de conditions compliquées et diverses, l'état, le milieu, l'occurrence, etc. Ne l'oublions pas, n'est point passionné qui veut, et, parmi les passionnés, chacun fait sa passion à sa manière et à un certain moment, non à un autre. C'est pourquoi aussi les âges, les sexes, les professions, etc., ont, dans quelque mesure, leur passion privilégiée ; c'est pourquoi enfin, tandis que le vice est stable, la passion évolue; elle s'atténue, disparaît sous l'influence de l'âge par exemple, du changement de milieu ou de tout autre motif, ou bien elle se transforme, l'amour fait place à la haine, et s'aggrave, la jalousie aboutit au délire de persécution, l'orgueil à la folie des grandeurs. La passion, dit-on, est à mi-chemin de la folie; entretenue, développée, elle y conduit. Entendons-nous pourtant ; ce n'est pas là sa terminaison régulière. S'il faut être déjà malade pour devenir passionné, il n'est pas du tout nécessaire d'être un taré héréditaire et c'est chez ce dernier que l'évolution passionnelle a surtout chance de s'achever dans la folie. Seulement on ne saurait toujours le prévoir à l'avance, car il est parfois très difficile de discerner sur quel terrain, irrémédiablement taré ou non, s'épanouit la passion. Néanmoins, ces changements spontanés qu'on n'observe guère dans le vice, ce rythme chronologique, ces guérisons naturelles, le peu d'importance, le cas échéant, des troubles somatiques primitifs ou secondaires, prouvent que, dans la passion, l'adhérence organique est limitée, donc plus aisément dissociable.

Et c'est pourquoi, en opposition avec le vice, la passion est corrigible, même curable, ainsi que l'expérience l'atteste.

Changement de valeur des passions. — La seconde différence réside dans le changement de valeur de la passion. De quelque manière qu'on l'envisage, le vice est toujours pernicieux pour l'individu et la collectivité. Il n'en est pas de même de la passion. Sans doute, toute passion exprime une désadaptation. Mais cette désadaptation produit ou bien une exagération du *moi*, qui porte l'individu à vivre sa vie *contre les autres*, donc au détriment de la collectivité, comme c'est le cas des libertins, des jaloux, des paresseux, des avares, etc., ou bien au contraire une abstraction du *moi pour les autres*, qui, dangereuse pour le sujet puisqu'elle peut mettre son existence en danger (et c'est par là que s'atteste la désadaptation), n'en est pas moins profitable à la société : tel est l'amour du prochain, de la science, de la patrie. Par conséquent, du point de vue social, toutes les passions n'ont pas la même valeur : les unes sont altruistes, généreuses et utiles ; les autres égoïstes, mesquines et nuisibles.

Signification du péché. — Ces passions mauvaises, ce sont les péchés.

La signification ainsi donnée au péché n'est pas arbitraire ; elle découle de l'enseignement religieux. Théologiens et moralistes définissent en effet le péché, la désobéissance à la loi de Dieu, et cette loi, d'après Bossuet, est la condition de l'équilibre et de l'harmonie qui doivent régner parmi les hommes. L'enfreindre, ce n'est pas seulement s'affecter soi-même, c'est aussi affecter les autres. Et les apologistes contemporains parlent dans le même sens. « La faute intérieure (le péché), déclare Lugan (1), par le fait qu'elle diminue

____

(1) *L'Enseignement social de Jésus*, p. 13.

la personne, diminue sa valeur sociale et, quand elle devient apparente, diminue la valeur des autres », et c'est pourquoi PEABODY conclut : « Le péché apparaît, dans l'enseignement de Jésus, comme un mal souillant la personne, surtout dans sa modalité sociale (1). »

En considérant le péché comme une passion mauvaise à retentissement social, nous restons donc dans l'acception traditionnelle du mot, et l'étude que nous allons faire des péchés capitaux sera donc l'étude de ces passions mauvaises, dans leurs causes et leurs conséquences, d'où s'imposeront la nécessité de les combattre et la recherche des moyens propres à y réussir. Mais pourquoi péchés capitaux ? Toutes les désadaptations, toutes les déviations instinctives n'ont pas, sous le rapport social, la même importance. Il en est de si graves qu'elles détruisent la personnalité ; il en est de si légères qu'elles ne semblent causer aucun dommage à la collectivité. Comment se fait-il, par exemple, que le mensonge et l'hypocrisie, qui sont d'incontestables défauts, ne figurent pas dans la liste des péchés capitaux ? La raison en est qu'ils renferment des éléments de sociabilité. Le mensonge est encore quelquefois nécessaire, dans l'état actuel du développement cultural, pour éviter les froissements d'instincts mal refoulés et le trouble consécutif des rapports sociaux, et si l'hypocrisie n'est qu'un masque, elle témoigne, socialement, de la valeur attachée à la vertu, elle est « un hommage rendu à la vertu ». C'est pourquoi, ces fautes personnelles, réelles pourtant, mais comportant un certain avantage collectif, ne sauraient prendre place parmi les péchés capitaux, c'est-à-dire les désadaptations dont les conséquences, pour la collectivité, sont patentes et funestes.

(1) *Jesus-Christ and the social Question*, p. 03.

***

La lutte contre les désadaptations sociales. —- Nous sommes maintenant renseignés sur la nature de la passion et du péché et savons que ces désadaptations à la vie collective ont à leur origine un déséquilibre émotif et, par conséquent, des troubles sympathiques et viscéraux. Nous pourrions donc aborder de suite l'étude des différents péchés capitaux, s'il n'était nécessaire de discuter au préalable la question du mode de traitement des passions, attendu que l'organisation de la lutte contre ces désadaptations et leurs conséquences va évidemment dépendre de la solution qui y sera donnée.

Le fait, dont on trouvera la démonstration détaillée dans les chapitres suivants, que la passion est, non seulement un désordre de l'âme, mais d'abord une maladie, ne paraît pas avoir été jusqu'ici sérieusement envisagé. Par suite, la passion, regardée, aussi bien par l'autorité laïque que par la religion et la philosophie, comme un désordre de l'âme, n'a été l'objet que de prohibitions morales dont il nous faut rechercher la portée et l'efficacité.

Contraintes biologiques et contraintes légales. — Il y a une grande différence entre les prohibitions qui protègent l'individu et celles qui assurent la conservation de la société. Les premières, d'origine biologique, s'imposent à tous *sous peine de mort,* et la nature et l'expérience nous avertissent des risques que leur négligence ou leur oubli fait courir. Les codes n'ont donc pas à les appuyer et c'est exceptionnellement que certaines législations poursuivent la tentative de suicide. Il n'en est pas ainsi des secondes. L'auteur d'un vol, d'un incendie, d'un assassinat n'éprouve, semble-t-il, aucun dommage personnel de son crime, s'il n'est pas découvert et puni ; par suite, l'instinct de conservation ne lui impose strictement que l'obligation d'être le plus fort pour perpétrer son crime et le plus habile pour échapper à ses conséquences. Mais comme le vol, l'incendie, le meurtre ou l'assassinat portent un préjudice visible à la collectivité, le code intervient dans le but d'inhiber la tendance au crime par la pensée des châtiments qui attendent le coupable. Tel est l'objet réel des pénalités inscrites dans les lois ; elles ne visent fondamentalement ni à réparer le dommage causé, ni à corriger le coupable, mais à empêcher, par l'exemple de la répression, le crime futur. Contre la multiplication des criminels, qui sont des vicieux, souvent des tarés héréditaires, la société lutte donc par la crainte, par la menace de châtiments effectifs.

L'enseignement moral. — De nos jours, la société ne va pas plus loin. On sait même que des philanthropes hasardeux demandent, non seulement l'abolition de la peine de mort, mais encore un adoucissement de toutes les peines et la transformation des prisons en maisons de plaisance. Les punitions corporelles sont depuis longtemps abandonnées, même chez les enfants, malgré leur puissant effet éducatif quand elles sont proportionnées à la faute et appliquées de sang-froid. Mieux encore : les passions les plus basses, comme la luxure, les vices les plus honteux, comme l'ivrognerie, sont invoqués par les coupables et admis par les jurys à titres de circonstances atténuantes des délits et des crimes. De telle sorte que, pour lutter contre les passions mauvaises, quand elles ne s'expriment pas publiquement sous forme d'ivresse, mendicité habituelle, attentats aux mœurs, viols, brutalités, séquestration, etc. — et encore — il ne reste que l'enseignement de l'école et la morale des manuels.

Or, cette morale est inerme. Elle est inerme, parce que, s'inspirant des mêmes principes que la morale religieuse sans faire appel aux mêmes sentiments, elle se trouve dépourvue de toute action sur la conduite des hommes. Tandis que la morale religieuse, par l'impératif de ses commandements, par ses promesses de récompense et ses menaces de châtiments dans l'inconnu de la mort qui hante chacun, par le mystère de ses dogmes, provoque les émotions les plus fortes, remue puissamment les cœurs et réussit ainsi à discipliner certaines âmes et à réaliser les inhibitions nécessaires, la morale laïque se contente de formuler des prescriptions timides et froides, qu'aucune sanction ne vient appuyer et dont la valeur, précisément parce que leur fondement repose sur des principes métaphysiques, est discutée par ceux — et ils sont nombreux — auxquels tout effort répugne et toute compréhension manque. Qu'attendre d'une telle morale ? Elle ne saurait profiter qu'à une élite restreinte de cerveaux par ailleurs fortement éduqués, mais n'a guère d'emprise sur la masse. On s'en aperçoit quand on en cherche les résultats. Combien de professeurs n'avouent-ils pas que leurs leçons demeurent sans influence sur la moralité de leurs élèves et que le nombre des paresseux, des menteurs, des vicieux, des insolents, des brutaux ne fait qu'augmenter ! Même quand cet enseignement est appliqué et surveillé d'une manière systématique, les effets n'en sont point meilleurs. En voici une preuve. D'après M. HENNEQUIN (1), une école dite de rééducation, fondée par la Ville de Paris et destinée aux enfants de mauvaise conduite, reçut, de 1882 à 1891, 266 élèves. Sur ce nombre, 42 seulement, soit 16 p. 100, purent être placés comme aide-

____

(1) Cité par E. PRÉVOST, *De la prostitution des enfants*, 1905, p. 178 note.

jardiniers, bien que beaucoup laissassent fortement à désirer. Tous les autres durent être reconduits à l'hospice ou s'évadèrent et reparurent sur les bancs de la correctionnelle.

Encore si cette morale était enseignée. Mais elle a presque cessé de l'être, par les uns à cause de son impuissance, par les autres en raison des idées fausses et anarchiques qu'ils professent. Écoutez ce que dit, dans son *Nouveau Cours de pédagogie*, un inspecteur primaire, M. DUFRENNE : « Toute l'attention que nous mettions à moraliser, nous la mettrons désormais à éviter de moraliser. Mais, dira-t-on, avons-nous le droit de nous désintéresser aussi complètement des conséquences de notre enseignement ? Que deviendront la société et la morale ? Elles deviendront ce qu'elles pourront (1). » Les résultats d'un tel abandon n'ont pas tardé à se produire et ils se sont inscrits, en chiffres effrayants, dans les statistiques de la délinquance et de la criminalité surtout juvéniles, du vagabondage spécial, de la prostitution, de l'avortement et de la natalité.

La morale religieuse. — Bien plus efficace s'est attestée la morale religieuse parce qu'elle agit profondément sur les sentiments. Aucun esprit libre, dégagé de préjugés, ne peut nier que son enseignement ait arrêté maintes personnes sur la pente de la passion et du vice et contribué à développer certaines vertus. Toute religion, en effet, est une hygiène morale; ayant une grande expérience des désordres de l'âme, elle a trouvé, pour les combattre, des moyens psychologiques puissants, la prière, le recueillement, l'examen de conscience, la pénitence, etc. C'est pourquoi, représentant un élément de culture, elle a joué un si grand rôle dans l'histoire de l'humanité.

(1) P. 126 (Bibliothèque d'éducation).

Mais cette fonction moralisatrice et sociale, elle est devenue, dans plusieurs pays civilisés, en partie impuissante à la remplir. En effet, l'immutabilité de ses dogmes et les progrès de la critique ont éloigné d'elle beaucoup de personnes. Certes, parmi celles-ci, le plus grand nombre a obéi bien moins aux objections de la raison qu'au désir de se libérer des contraintes et des obligations qu'impose la culture morale, ainsi que le prouve la survivance, chez tant de prétendus incrédules, des plus inconcevables superstitions. De ce chef, la religion n'en a pas moins perdu sensiblement de son influence et ceux qui y échappent ne semblent guère mieux disposés à se plier aux prescriptions de la morale civique. C'est ce que tendent à prouver de nombreuses statistiques montrant que la moralité des pays religieux est supérieure à celle des pays peu ou pas religieux, qui cependant reçoivent de l'instituteur public les leçons morales inscrites dans les programmes. La Lozère en est un exemple. Dans ce département pauvre et croyant, la natalité est restée assez élevée, les délits sont au minimum, et il se passe des années sans qu'aucune affaire soit inscrite au rôle des Assises.

Les procédés psychothérapiques. — Ainsi, insuffisance des contraintes, impuissance de la morale laïque, éloignement de la religion semblaient nous laisser désarmés en présence des passions dont le débordement s'accuse chaque jour. C'est alors que la médecine prit, en quelque sorte et d'une manière inattendue, l'affaire en mains. S'inspirant des pratiques des magnétiseurs et des découvertes de BERTRAND, de BRAID, de CHARCOT et de BERNHEIM, mettant d'ailleurs à profit le conflit des Écoles de la Salpêtrière et de Nancy (1), elle imagina

(1) Consulter le remarquable ouvrage du professeur PIERRE JANET, *les Médications psychologiques*, 3 vol. in-8°, Alcan, 1919.

une nouvelle méthode de traitement, applicable, croyait-on, non seulement aux névroses, mais aussi à toutes les déviations instinctives ; à sa base était la suggestion, c'est-à-dire le commandement, la provocation à une impulsion, à l'état de veille ou de sommeil. On l'appela *psychothérapie*. Et le mot exprimait bien la chose, car il s'agissait, et il s'agit toujours, de se servir de l'âme pour en combattre les désordres. Sans doute, dans ces désordres, le système nerveux joue un rôle, mais un rôle secondaire de traducteur, pour ainsi parler, de phénomènes plus profonds dont le siège est l'esprit. Dans les maladies, passions, vices, psychonévroses, où l'âme semble primordialement en jeu, c'est par les moyens psychologiques que l'on cherche à intervenir, moyens d'ailleurs empruntés en partie à l'ancienne sorcellerie et à la religion, mais décorés de noms nouveaux et savamment systématisés. A la vérité, on ne néglige pas totalement le support dont l'esprit joue, nerfs et organes, mais on ne le soigne qu'accessoirement et comme indication symptomatique, sans se rendre compte que ce traitement accessoire exerce souvent une influence décisive sur les résultats.

Ces résultats, il faut bien l'avouer, ne furent point aussi brillants qu'on l'espérait et, en tout cas, ne dépassèrent guère ceux qu'avaient obtenus les thaumaturges et les magnétiseurs. Chez les enfants vicieux et arriérés notamment, l'échec a été presque complet. MM. Binet et Simon, Roubinovitch et G. Paul-Boncour constatent que le fameux traitement *médico-pédagogique*, dont il a été tant parlé, n'a pas donné grand'chose, attendu que, ou ces enfants sont victimes de l'hérédité et de lésions irréparables sur lesquelles le médecin ne peut rien, ou ils manquent de l'éducation indispensable que le médecin ne saurait leur fournir. Mais cette éducation, nous l'avons noté, est, à elle seule, impuissante à procurer les inhibitions et le redressement moral nécessaires et c'est seulement depuis l'emploi de l'opothérapie chez les arriérés et les vicieux qu'on a obtenu vraiment quelques intéressantes améliorations.

Il n'est ni utile, ni possible d'énumérer ici les innombrables procédés qu'a utilisés la psychothérapie, depuis la suggestion et l'hypnotisme jusqu'à la moralisation de M. Dubois (de Berne), en passant par les économies (repos, isolement, psychanalyse) et les acquisitions psychologiques (rééducation, aesthésiogénie, excitations, direction morale).

Remarquons simplement que si la suggestion hypnotique a donné parfois des résultats appréciables dans les névroses, elle n'est d'aucune application pratique dans les désadaptations banales à la vie collective, chez les passionnés ordinaires, qui ne sont hypnotisables qu'à la condition d'être des prédisposés, des hystériques et exceptionnellement des psychasthéniques.

Voici, au reste, sur la valeur actuelle des procédés psychothérapiques, l'opinion particulièrement autorisée de M. Pierre Janet :

« Ces méthodes de traitement, dit-il (1), sont-elles devenues pratiques et utiles, permettent-elles d'obtenir la guérison des troubles névropathiques avec la certitude ou même la probabilité que l'on obtient dans nombre de thérapeutiques médicales ou chirurgicales ? Il est malheureusement impossible de répondre autrement que par la négative. Trop souvent tous ces traitements échouent complètement ; le nombre des malades qui versent dans la démence irrémédiable ou qui conservent indéfiniment les mêmes troubles est très considérable.

_____

(1) *Op. cit.*, t. III, p. 167.

Très souvent ces traitements quand ils semblent réussir n'ont qu'une action momentanée et nous obligent à des recommencements perpétuels. Enfin, même dans les cas les plus heureux, la plupart de ces traitements sont toujours beaucoup trop longs, et l'on peut toujours se demander si l'évolution naturelle de la maladie pendant un temps aussi long n'aurait pas pu amener une amélioration semblable en dehors de tous les traitements. »

Application du traitement psychothérapique et du traitement somatique. — S'ensuit-il que les procédés psychologiques et moraux soient inutiles et qu'il faille y renoncer ? Assurément non. Mais je crois que, dans le traitement des passions et des déviations instinctives, on met, si l'on veut bien me passer l'expression, la charrue devant les bœufs.

Expliquons-nous. On parle encore de désordres de l'âme et de maladies de l'esprit en vertu d'une vieille habitude du langage philosophique qui s'est transportée et maintenue en pathologie. A chaque instant, on fait allusion à des affections *sine materia* et on oppose aux maladies organiques, dont les lésions sont patentes, les prétendus troubles fonctionnels dans lesquels ni le scalpel, ni le microscope ne savent déceler de modifications structurales. C'est là l'erreur fondamentale et certaine. Un trouble sans lésion est incompréhensible. Tout trouble, en effet, n'est et ne peut être que la conséquence d'une altération matérielle, laquelle, à la vérité, si elle est de nature micellaire ou physico-chimique, risque d'échapper à nos moyens grossiers d'investigation. Par exemple, il est impossible, à l'examen histologique le plus attentif, de distinguer le sang d'un animal immunisé de celui d'un animal qui ne l'est pas. Cependant quand nous mettons le sang du premier en présence de l'antigène contre lequel il est préparé, nous

nous apercevons tout de suite qu'il ne se comporte pas comme celui du second, et nous en concluons légitimement qu'il s'est produit, dans le premier, une modification matérielle, d'ordre chimique ou physico-chimique, directement invisible, et que nous désignons sous le nom d'immunisation. Il en est exactement de même, *cæteris paribus*, dans tous les troubles fonctionnels, qu'ils soient psychiques ou somatiques. Toujours la condition première de leur apparition est une modification de la structure chimique ou de l'état physique de la matière vivante entraînant un changement dans le mode de réaction. Le neurone, ou cellule nerveuse, échappe d'autant moins à cette nécessité qu'il représente un élément anatomique d'une extrême sensibilité et que les plus faibles influences impressionnent profondément ; c'est là la conséquence de sa différenciation et la raison de son rôle. Or, neurone et psychisme ne font qu'un, je veux dire que tout phénomène psychique a son siège dans des cellules nerveuses qui le déterminent. Comme il ne saurait y avoir d'altération spontanée, sans cause, nous sommes donc dans l'obligation d'admettre que toute viciation du psychisme est le résultat d'une altération matérielle de la substance nerveuse, dépendant elle-même d'actions extérieures (changements de l'ambiance) ou intérieures (changements du milieu nutritif et vital).

Que fait la psychothérapie ? Elle ne se préoccupe pas des causes matérielles ; elle les méconnaît ou les ignore ; ne s'attachant qu'aux effets, elle se borne à la thérapeutique des symptômes. Thérapeutique fort décevante, ainsi qu'on l'a vu dans les infections avant que fussent connus les remèdes spécifiques, sérums, vaccins, agents chimiothérapiques, et ainsi qu'on le voit encore maintenant dans les maladies dyscrasiques, diabète, goutte, etc. Peut-on s'étonner qu'elle n'ait donné, dans les déviations instinctives et les maladies dites de l'esprit, que des résultats inconstants et problématiques ?

A présent qu'il est possible de déterminer le rôle primordial des troubles somatiques, des altérations sympathiques, endocriniennes, viscérales, sur la production des troubles psychologiques, on doit abandonner l'ancienne méthode pour s'attaquer d'abord à la cause.

Et comment ? En recherchant avec le plus grand soin les troubles somatiques insoupçonnés ou masqués par l'ampleur des accidents psychiques et moraux. Ce n'est pas là une besogne toujours facile ; l'aspect du sujet trompe souvent et l'examen sommaire des appareils, tel qu'on le pratique couramment chez les vicieux et les névropathes, est parfois insuffisant. Il faut aller plus loin, il faut recourir aux analyses du sang et des urines, aux réactions sérologiques, aux investigations physiques (radioscopie, tonométrie, ergométrie, électro-diagnostic, etc.) répétées et méthodiques, qui finissent par mettre en évidence la cause cherchée, et, cette cause dépistée, on institue le traitement médical approprié. Ce traitement médical a un triple avantage : 1° il modifie les facteurs profonds qui sont à l'origine de la déviation instinctive ; 2° il atténue les symptômes secondaires à cet état ; 3° enfin il sert de point d'appui aux procédés psychothérapiques et en augmente l'efficacité.

C'est pourquoi le traitement médical (ou somatique) doit précéder et en quelque sorte subordonner le traitement psychologique et moral. Du moment que les troubles émotifs et passionnels sont conditionnés par une altération du métabolisme des neurones, la logique commande de s'attacher en premier lieu à restituer au système nerveux un fonctionnement normal. Ce n'est qu'ensuite que l'action psychologique et morale pourra s'exercer avec chance de succès pour redresser les habitudes et réaliser les inhibitions. Voilà un aboulique, c'est-à-dire un individu qui ne peut pas prendre une détermination parce que les neurones d'association manquent de tonicité, dispersent l'influx. On lui applique, sans plus, une méthode de rééducation de la volonté. Que donne-t-elle, si, au préalable, on n'a pas fourni aux neurones les conditions physiques et chimiques capables de leur rendre une vitalité suffisante ? L'expérience l'a montré. Mais l'expérience a montré aussi que le simple traitement des dyspepsies, des maladies du foie, des intoxications, des troubles endocriniens, etc., a souvent suffi pour amender et guérir des déviations instinctives et des névropathies contre lesquelles avaient jusque-là échoué les procédés les plus laborieux de la psychothérapie. Et c'est cette expérience qui m'a éclairé et guidé comme elle a éclairé et guidé ceux qui, avant moi, ont poursuivi la même tentative de remédier aux passions (1).

Difficultés du traitement somatique. — Malheureusement l'application du traitement somatique se heurte à plusieurs difficultés. La première, c'est que le passionné, le vicieux ne se sentent pas d'ordinaire malades, ne se croient pas malades. Certains, au contraire, trouvent, dans leur abandon moral, un sentiment d'euphorie, une satisfaction réelle, qui légitime à leurs yeux les désor-

(1) Consulter en dehors des vieux ouvrages d'ALIBERT et surtout de DESCURET, *Introduction à la médecine des passions*, l'*Introduction à la médecine de l'esprit* du docteur M. DE FLEURY et aussi l'*Introduction à la médecine des passions* du docteur BOIGEY. Il faut également signaler les *Médications psychologiques*, de M. PIERRE JANET, qui rendent compte des efforts déjà faits dans cette voie, et le livre de M. A. BARUÉ, *Examen des aliénés, nouvelles méthodes biologiques et cliniques*, appelé à rendre de grands services aux médecins qui s'occupent de psychologie morbide.

dres auxquels ils se livrent et les porte, en accord avec l'opinion vulgaire, à n'y voir que des faiblesses inhérentes à la nature humaine. Le gourmand qui jouit de la table, le paresseux de son farniente et l'avare de son trésor ne pensent pas une minute à faire appel au médecin (1). D'autres, à la vérité, se sentent mal à l'aise, éprouvent des remords, qui témoignent de la conscience obscure qu'ils prennent de leur désadaptation présente. Le libertin après ses débauches et le coléreux après sa crise éprouvent de la fatigue et de la dépression, mais il est rare qu'elles soient assez marquées pour inciter le patient à demander une consultation. Il s'ensuit que le médecin n'a presque jamais l'occasion de donner ses soins à un simple passionné.

Mais supposons que cette occasion se présente. Il n'est, sauf exception, aucunement préparé à la tâche délicate qui lui incombe, et c'est là une seconde difficulté. A la Faculté, on ne lui a parlé de certains péchés capitaux que pour en rire ou bien on n'en a envisagé que les formes maniaques et délirantes, de telle sorte que, si un client vient le voir pour des crises de luxure, de paresse, de jalousie ou d'orgueil, le praticien accueille l'aveu par des plaisanteries ou bien, tout de suite, assombrit son diagnostic par la pensée d'une psychose. Au sujet de la manière dont l'aveu de la passion est interprété, j'ai fait une enquête dans le corps médical (2). Il ne saurait être question d'en donner ici le résultat,

---

(1) Nous ne pouvons que mentionner ici l'état de satisfaction caractéristique que MAGNAN a observé chez les malades qui obéissent à leurs impulsions. Il n'y a pas seulement épuisement, comme le croyaient PITRES et RÉGIS, il y a aussi excitation, — excitation que M. P. JANET explique par l'acte qui remonte la « tension psychologique ».

(2) Quelques spécialistes ont une façon commode de se tirer d'affaire. Pour eux, il n'y a pas de passionnés, il n'y a que des fous, qui les intéressent cliniquement, mais pour lesquels, thérapeutiquement, ils estiment n'avoir rien à faire.

mais il m'a convaincu qu'il y a, sous ce rapport, une sérieuse lacune dans l'enseignement.

Troisième difficulté. Si le passionné ne va guère consulter le médecin ou si, l'ayant consulté, il a été rebuté, en revanche il requiert parfois spontanément l'avis ou reçoit les conseils de son entourage et de ses connaissances. Mais parents, amis, maîtres, directeurs de conscience manquent, sinon toujours d'autorité, du moins de compétence. Quelque sages que soient, en apparence, leurs directives, elles n'agissent qu'à la manière d'une psychothérapie sans prétention, privée de l'appui nécessaire du traitement somatique préalable. On les compte aisément, les déviations instinctives qui ont été guéries par les conseils, les réprimandes, et c'est ce qui fait la déception des psychiatres et des moralistes. Autant conseils et encouragements sont utiles quand les fonctions physiologiques tendent à retrouver leur équilibre, autant ils sont inefficaces quand les causes organiques profondes continuent d'opérer. Précisément parce que parents, amis, etc., ignorent ces causes, ils détournent, consciemment ou non, le malade du médecin et rendent plus difficile l'intervention de la thérapeutique pathogénique.

L'appel au médecin. — Mais ces difficultés disparaîtront le jour où il aura été établi, d'une part que les passions et les vices sont des désadaptations sociales dangereuses aussi bien pour ceux qui en sont victimes que pour la collectivité tout entière, et, de l'autre, que ces désadaptations ont à leur origine des troubles organiques que l'on peut dépister, soigner et guérir, car la vulgarisation de ces notions, à tous les degrés de l'enseignement, conduira automatiquement, pour ainsi dire, dans le cabinet du médecin, désormais préparé à cette tâche, tous les passionnés et les vicieux.

L'appel au médecin est la conséquence et d'une certaine manière la sanction de cette connaissance vulgarisée. La société qui paraît se désintéresser si complètement de la santé morale, sous prétexte de ne pas porter ombrage à la liberté individuelle, se préoccupe beaucoup et justement de la santé physique, en faveur de laquelle elle a édicté des prescriptions et des obligations qui, si elles gênent chacun, n'en apportent pas moins un bénéfice considérable à la collectivité. Nous ne sommes encore qu'au début de ces mesures, qui, certainement, en ce qui concerne les infections et notamment la tuberculose et la syphilis, ne tarderont pas à s'aggraver (1). Pourquoi n'en agirait-on pas de même à l'égard des passions mauvaises, quand auront été démontrés, mieux encore que je ne m'efforce de le faire dans ce petit livre, leur danger public et leur contagiosité mentale ? Les sanctions que l'on entrevoit déjà contre la contamination volontaire trouveront ici naturellement une application du même genre et, par le sentiment de crainte qu'elles éveilleront ainsi, sont appelées à procurer un élément d'intimidabilité et de redressement, comparable à celui qu'apporte, pour les délits et les crimes, la pensée des répressions pénales. Il va de soi, d'ailleurs, que l'action du médecin ne saurait être isolée. Elle est là pour fournir une base solide et indispensable à l'emprise de l'éducation morale, base sans laquelle, pour les raisons déjà exposées, celle-ci demeure inopérante. Par conséquent, pour mener à bien la besogne commencée, pour achever de restituer aux centres nerveux la souplesse adaptative préparée par le traitement somatique, le médecin devra tou-

(1) Cf. J. LAUMONIER, Thérapeutique sociale. I. La tuberculose (*Bull. gén. de thérapeutique*, août et sept. 1911) et IV, la Syphilis (*Id.*, oct., nov. et déc. 1915).

jours solliciter la collaboration intime et coordonnée de tous ceux, parents et amis, maîtres ou supérieurs, ministres de la religion, qui sont à même d'exercer une influence utile sur le malade. C'est de cette organisation des efforts, vers laquelle on tend déjà mais qui demeure insuffisante malgré les bonnes volontés de beaucoup et une pressante nécessité, que dépend tout le succès.

Peut-être paraîtra-t-il bien naïf d'accorder une telle valeur à la formule : *Initium sapientiae timor morbi ?* Je me permets d'avoir une opinion différente. Quoi qu'on en ait dit, elle a déjà évité bien des risques. C'est à elle, en tout cas, qu'est dû le fait que bien plus de personnes vont consulter le médecin aujourd'hui qu'autrefois. N'est-ce pas la preuve qu'elle commence à s'incorporer dans la mentalité populaire ? La même tendance ne peut manquer de se manifester quand chacun aura bien compris que la passion est une maladie redoutable. Sans doute, la maladie n'est que souffrance tandis que la passion procure de passagères mais très vives jouissances. Pourtant le passionné n'ignore pas de quelles inquiétudes, de quelles angoisses, de quelles tortures morales il les paie. Assombrir encore la perspective par la menace surajoutée des douleurs physiques doit avoir pour objet de renforcer la crainte et d'accentuer l'appel au médecin.

Enfin, il n'est plus discutable que le débordement des passions, l'égoïsme, la soif des plaisirs, l'affaissement des caractères qu'elles entraînent, portent une grave atteinte à la puissance de la France, en diminuant le nombre des enfants, en augmentant celui des parasites, des êtres inaptes ou dangereux. Pour parer à ce danger grandissant et, à l'heure présente, plus que jamais redoutable, quels moyens n'ont pas été proposés (1) ? Les uns sont restés à l'état de projets, les autres n'ont fourni que des mécomptes. Puisque, en présence du pressant péril, chacun est tenu d'apporter son idée, j'apporte ici la mienne. Elle n'est peut-être pas d'un très haut vol, mais elle a été longuement mûrie par l'expérience. Sera-t-elle accueillie et mise en pratique ? C'est une autre question dont l'avenir décidera.

(1) Cf. pour le détail de ces mesures, Thérapeutique sociale, III ; Le nervosisme (loc. cit, oct. et nov. 1913).

CHAPITRE II

LA GOURMANDISE

Définition. — Il est plus difficile qu'on ne croit de définir la gourmandise. Descuret la met sur le même rang ou à peu près que la voracité et la gloutonnerie. D'après Brillat-Savarin (1), elle est « une préférence passionnée, raisonnée et habituelle pour les objets qui flattent le goût » tout en se montrant « ennemie des excès ». « Pour que ce besoin (la faim), qui sous sa forme normale est l'appétit et sous sa forme morbide le délire famélique, devienne une passion, dit Th. Ribot (2), il doit susciter et organiser autour de l'idée dominante et stable — le plaisir de manger affirmé comme souverain bien — un groupe d'états psychiques, d'ailleurs fort restreint puisqu'il se réduit à des sensations ou représentations visuelles, gustatives et olfactives. »

Les faits apportent plus de précision. Parmi les personnes faisant, comme on dit, « un dieu de leur ventre », il existe de grandes différences. Dans un premier groupe, nous rangerons celles qui mangent énormément, avec avidité et souvent sans discernement : ce sont les glou-

(1) *Physiologie du goût*. Édit. de 1817, p. 111.
(2) *Essai sur les passions*, 2ᵉ éd. 1907, p. 18.

tons et les boulimiques. Leur impulsion paraît irrésistible et la quantité leur importe beaucoup plus que la qualité. De ce premier groupe, un second, celui des polyphages, se rapproche, constitué par les enfants, les convalescents de certaines maladies, maints diabétiques, les femmes enceintes, etc. Ceux-ci mangent en effet beaucoup mais non sous la même influence que les premiers. La goinfrerie du glouton ne se justifie pas par un besoin réel, mais par un vice, une déviation de l'instinct dépendant à son tour de tares ou de lésions organiques profondes, tandis que la voracité de l'enfant est légitimée par les nécessités de la croissance, celle du convalescent par l'urgence de réparer les pertes dues à la maladie, celle des femmes grosses par l'obligation de pourvoir au développement du fœtus, etc. En outre, dans le premier cas, la voracité est permanente et, pour ainsi dire, sans limite, tandis que, dans le second, elle est passagère, s'atténue et disparaît quand le trouble ou l'état physiologique causal cesse lui-même, n'entraîne que des impulsions intermittentes et, à proprement parler, pas d'idée fixe. Si enfin nous éliminons les gourmets, qui sont des professionnels parfois sobres et dont, en tout cas, la finesse de goût est le résultat d'une longue pratique, d'une éducation progressive, ne comportant aucune tendance spécialement passionnelle ou vicieuse, nous restons en présence d'une catégorie limitée d'individus, généralement gros mangeurs mais toujours très difficiles, chez lesquels la préoccupation des plaisirs de la table tient d'une manière continue et si bien la première place que, comme le Cliton de LA BRUYÈRE, ils y subordonnent leurs pensées, leurs paroles et leurs actions. Ce sont les gourmands.

Caractères de la gourmandise. — Un des traits caractéristiques du gourmand est en effet que, tout en mangeant et même en buvant beaucoup, il fait un choix ; toutes sortes d'aliments l'attirent, mais si la préparation convenable et la qualité font défaut, il aime mieux s'abstenir, à l'encontre du vorace pour lequel tout est bon, ou du polyphage qui ne pousse pas très loin sa délicatesse. Manifestement, ce choix, qui explique le mal que le gourmand se donne pour recueillir des recettes culinaires et combiner des menus, résulte d'une sensibilité gustative exaltée et associée à une sensibilité olfactive et peut-être visuelle particulière. La vue et l'odeur des mets constituent assurément des excitants psychiques normaux, et cependant il faut bien reconnaître au gourmand une disposition spéciale pour que le fumet des gibiers faisandés et des fromages coulants, par exemple, détermine en lui un état agréable voisin de l'émotion. Du reste, ces diverses sensibilités se montrent synergiquement liées, attendu que la perte de la vue et surtout de l'odorat diminue la finesse du goût et met un terme à la gourmandise.

Nous rechercherons plus loin les causes de cette hypersensibilité ; il suffit pour le moment de la constater. Dès lors, sa satisfaction constitue la préoccupation permanente et exclusive de celui qui en est atteint — le gourmand — et il y subordonne tout le reste, les autres sensibilités, dans la mesure du moins où elles ne participent pas à son assouvissement, passant au second plan.

Mais l'exclusivisme de la gourmandise est-il absolu, marquant ainsi l'emprise de l'idée fixe et dominante ? Brillat-Savarin pensait que le gourmand aime à associer aux plaisirs du goût et de l'odorat, ceux qui résultent de la bonne ordonnance de la table et du service, des propos joyeux qui animent le festin, et de la cordialité qui y règne. Ce sont là, semble-t-il, des éléments

accessoires ; le vrai gourmand évite, au contraire, tout
ce qui pourrait le distraire de sa passion. Voici ce que
m'écrivait à ce propos un auteur, qui, en la matière, a
fait autorité ;

« On croit à tort que nous recherchons la société nombreuse et le bruit. Je préfère de beaucoup manger seul,
dans une pièce tranquille, afin que rien ne me détourne
de la délectation éprouvée à savourer les plats que j'ai
choisis. Comment apprécier les saveurs délicates, les
fumets rares, les bouquets légers quand tant de gens
parlent et rient autour de vous, que le parfum des
femmes masque celui des mets, que le souci de la politesse détourne constamment l'attention ? Nous sommes
des artistes difficiles et, pour goûter la symphonie des
saveurs, il faut le silence et le recueillement. »

D'un autre côté, on a souvent dit que le culte de Vénus
s'allie agréablement à celui de Comus. Effectivement,
l'excitation consécutive à un bon repas, à l'ingestion de
vins généreux, peut porter au libertinage, mais c'est
là un phénomène occasionnel, s'observant de préférence
chez ceux qui, par hasard, commettent des excès de
nourriture et de boissons. On connaît les « tournées des
petits ducs » et les suites des « réunions de Labadens ».
Le vrai gourmand s'enivre très rarement ; il conserve le
contrôle de soi-même et ne se livre guère aux débauches
sexuelles. Si cependant il tombe amoureux, ce qui
arrive, une substitution ne tarde pas à s'opérer et la
passion de la table fait place à celle de l'amour. Toutefois le gourmand peut être joueur, ambitieux, orgueilleux, etc., et, comme l'histoire en cite de nombreux
exemples, tenir dans les affaires et dans l'État un rôle
très important et même brillant. Mais cette superpo-
sition des préoccupations passionnelles indique un
affaiblissement de la gourmandise, qui, perdant son

caractère de dominance et d'exclusivisme, devient un élément subordonné et comme un moyen de réussir.

Type du gourmand. — BRILLAT-SAVARIN, qui estimait que la gourmandise est le propre des gens bien équilibrés, reconnaissait aussi à ceux qui y sont enclins certains traits communs : yeux vifs et brillants, nez court, joues pendantes, lèvres charnues, visage arrondi, ventre proéminent, etc. Sans doute, le gourmand répond, en général, à ce que SIGAUD et VINCENT ont appelé le *type digestif*, caractérisé par le développement du segment abdominal, mais, chez lui, ce type est acquis, et découle de ses habitudes. Beaucoup de gourmands n'ont ni les lèvres charnues, ni les joues pendantes, ni le ventre proéminent ; certains sont maigres et affectent le type cérébral, d'autres ont le teint terreux du dyspeptique. Il n'y a pas, en fait, de type défini ; même la sensualité des lèvres et la mobilité des narines peuvent appartenir à un passionné d'une autre espèce, au sexuel notamment. Seulement, on confond volontiers le gros mangeur et l'obèse avec le gourmand et on est en conséquence porté à attribuer à celui-ci, comme symptomatique, un habitus qu'il peut prendre en tant que gros mangeur, mais non parce que gourmand.

Formes de la gourmandise, la friandise. — La gourmandise ne revêt pas toujours la forme complète que nous venons de décrire. Tout en conservant ses caractères essentiels, elle peut se limiter à une catégorie de saveurs. Chez l'enfant, elle s'exprime par des répulsions et des attirances, qu'on n'arrive pas à vaincre et qui ne s'expliquent que par une hypersensibilité gustative particulière. De même, la friandise, la passion des enfants pour les bonbons, de certaines femmes pour les gâteaux, les liqueurs et les vins sucrés, témoigne d'une sensibilité aiguë pour un ordre défini de saveurs. Des auteurs, il est vrai, ont soutenu que l'enfant aime les bonbons surtout parce qu'on les lui défend, et que la femme ne raffole des pâtisseries que parce qu'elle les consomme dans des réunions où se complaisent sa manie du papotage et sa vanité. Il en est ainsi souvent, car les circonstances jouent un rôle dans l'affirmation aussi bien de la friandise que de la gourmandise, mais non toujours. Des enfants auxquels on ne défend rien et des femmes dans le privé se rendent malades à force de manger des sucreries et des gâteaux et il en est qui vont jusqu'à voler. Ces actes sont donc sous la dépendance d'un état passionnel (sinon parfois morbide) puisqu'ils répondent à une satisfaction considérée comme souverain bien.

Évolution de la gourmandise. — D'une manière générale, chez l'homme, la gourmandise évolue en trois étapes. A la première, dans le jeune âge et l'adolescence, elle est à l'état fruste ; le besoin de nourriture, imposé par la croissance, masque des tendances qui s'affirmeront plus tard. Comme on l'a vu, beaucoup d'enfants sont friands, même très jeunes, car, ainsi que l'a montré M. L. MARCHAND (1), certains nourrissons, élevés au biberon, boivent le lait avec plus ou moins d'avidité suivant la nature des aliments fournis à la vache laitière. C'est là le signe d'une finesse de goût remarquable, liée, selon toute probabilité, à un disposition congénitale. Cette disposition peut demeurer latente, mais aussi se développer, s'affirmer, par l'effet de l'éducation, de l'entraînement, des circonstances, surtout à l'époque où certaines autres passions violentes s'affaiblissent, où l'ambition est satisfaite, la situation assise. Voilà pourquoi on dit que la gourmandise est

____

(1) *Le Goût* p. 252.

le privilège de l'âge mûr. Mais rien n'est moins absolu. J'ai connu de vrais gourmands de 25 ans.

Quoi qu'il en soit, parvenue à la conscience et acceptée, l'idée passionnelle se développe et atteint rapidement son acmé : c'est la seconde étape ; la gourmandise extériorise alors les caractères de dominance et d'exclusivité qui ont été décrits. Mais ce n'est que pour un temps. Le gourmand qui, jusque-là, trouvait sa satisfaction dans un plaisir égoïste, isolé mais complètement savouré, en arrive maintenant à lui chercher un accompagnement et comme un soutien. La troisième étape commence.

Le gourmand a bon appétit ; ses sécrétions digestives — physiologiques et psychiques — sont abondantes et, par suite, il digère bien, du moins au début. Toutefois, le plaisir qu'il éprouve à manger l'incite sans cesse à dépasser ses besoins nutritifs et sa capacité digestive. Il en résulte progressivement des troubles gastro-intestinaux plus ou moins marqués, que le gourmand, arrivé à cette période, exprime en disant : « manger, c'est le paradis, mais digérer, c'est l'enfer ». En même temps s'accuse une déviation de la sensibilité gustative, qui le pousse à un usage de plus en plus immodéré des épices, des condiments et des liqueurs fortes, par quo du reste les troubles s'aggravent. Ne pouvant plus augmenter son plaisir, le gourmand cherche à le prolonger, à l'étayer ; il commence à s'entourer de compagnons bruyants et faciles, qui s'entraînent mutuellement et se piquent d'émulation, il recherche les festins nombreux et interminables et les distractions médiocres qui les suivent. A cette dernière étape, celle que le public connaît le mieux parce qu'il s'exhibe volontiers et fait du prosélytisme, le gourmand n'est plus le *vrai* gourmand, comme l'a bien observé BRILLAT-SAVARIN, mais un intempérant, réceptif aux impulsions vicieuses, dont l'une des plus redoutables est l'ivrognerie (1). Au surplus, le tableau s'assombrit encore du fait des accidents variés et graves que commande l'intempérance.

Cependant cette terminaison n'est pas fatale. En dehors de la maladie et des souffrances qui brident la passion, l'âge lui-même, diminuant l'appétit et la sensibilité gustative, y apporte un tempérament. Parfois, d'autres passions surviennent, auxquelles cède la gourmandise. Enfin, chez les individus profondément tarés, on peut voir apparaître la voracité, la boulimie, la malacia, la pica, mais c'est tout à fait exceptionnel, ces déviations de l'instinct évoluant sur un terrain morbide qui diffère sensiblement de celui de la gourmandise.

Influence du sexe, de la profession, du climat, etc. — Il y a plus de gourmands parmi les hommes que parmi les femmes, qui sont surtout friandes, ce qui tient peut-être à leur sensibilité gustative et olfactive moins aiguë. BRILLAT-SAVARIN attribuait à la profession une certaine influence sur la gourmandise, dont il fait l'apanage des financiers, des magistrats, des médecins, des gens de lettres et d'église. Ceci est assez exact, mais demande une explication. On trouve des gourmands dans toutes les professions et dans toutes les classes de la société ; exceptionnels parmi les ouvriers, ils ne sont point rares parmi les paysans aisés ; s'ils sont plus fréquents dans les milieux bourgeois et riches, et chez les intellectuels, c'est grâce surtout à l'influence de l'exemple, de l'entraînement et de certaines conditions

(1) Il faut se garder de confondre le gourmand grand buveur avec le boulimique et le dipsomane. Ceux-ci sont des déprimés qui boivent et mangent constamment pour se remonter ; ils appartiennent à la catégorie des névropathes, des psychasthéniques spécialement. Le gourmand qui mange et boit beaucoup n'est nullement un déprimé, au contraire.

pathogéniques (surmenage, hérédo-arthritisme) que nous examinerons plus loin. Tel individu est gourmand parce que névropathe et non parce que brasseur d'affaires ou écrivain. D'ailleurs l'état nerveux, la constitution émotive ne laissent pas d'avoir une certaine influence sur le choix de la profession.

Quelle est l'action des climats et des races ? Elle est malaisée à déterminer. Dans les climats froids, où l'appétit est nécessairement plus vif, on rencontre énormément de gros mangeurs, très peu de gourmands ; le Hollandais, le Flamand sont bien plus gourmands que l'Écossais ou le Norvégien. Dans les pays chauds, où la sobriété alimentaire est presque de règle, on observe encore des gourmands, principalement des friands, turcs, arabes, hindous. En réalité, il semble que le développement de la gourmandise tienne à l'affinement de la race. C'est en France assurément qu'elle compte ses plus nombreux et ses plus fervents adeptes, ainsi qu'en témoigne le renom historique de notre cuisine. L'Allemand est polyphage, vorace et ses préparations culinaires manquent de finesse ; l'Anglais, plus délicat, est souvent gros mangeur et abuse des condiments. L'Américain du Nord se livre à d'ingénieuses combinaisons, plus étonnantes qu'artistiques et dans lesquelles on ne perçoit guère cette harmonie des saveurs que recherche le vrai passionné. L'Italie compte peu de gourmands, l'Espagne encore moins. Parmi les peuples d'Extrême-Orient, le Japonais est inférieur au Chinois dont les aptitudes culinaires sont remarquables ; bon nombre de lettrés se posent en fins gourmets. Bien entendu, pour juger de la gourmandise, il faut tenir compte des habitudes alimentaires locales, car les dispositions passionnelles sont indépendantes de la nature des mets. Si nous raffolons des truffes, l'Hindou préfère l'*asa fœtida.* Enfin, et la remarque a son importance, la gourmandise, comme toutes les hypersensibilités morbides, se développe surtout au déclin des civilisations. Rome connut ses plus célèbres gourmands après les premiers Césars, Byzance s'épuisa en festins somptueux et, à la veille de la Révolution, la cuisine française brilla d'un éclat qu'elle n'a pas retrouvé depuis.

Pathogénie : hypergueusie et hypersthénie gastrique. — Nous avons vu que l'hypersensibilité gustative est la condition première de la gourmandise. Mais l'hypersensibilité n'est qu'un effet dont il faut à présent rechercher la cause.

En psychiatrie, l'exagération morbide du goût est connue sous le nom d'*hypergueusie,* et on la rattache à une irritation du bulbe. En effet, les nerfs du goût et le glosso-pharyngien notamment ont un noyau bulbaire auquel vient aboutir, par le nerf de WRISBERG, une branche du facial contenant des filets tympaniques. Le trijumeau joue aussi un rôle puisque sa destruction abolit la sensibilité gustative dans les deux tiers antérieurs de la langue (facial). Aussi ERB fait-il de l'altération du goût le signe de la localisation intra-pétreuse de la paralysie du facial.

Mais l'excitation bulbaire, bien moins accusée sans doute dans la gourmandise que dans les psychoses à hypergueusie, d'où vient-elle ? C'est le moment de nous rappeler ce qui a été dit précédemment du système nerveux autonome et de ses relations avec l'axe cérébro-spinal. Sur cet axe, les altérations des viscères retentissent par les *rami communicantes.* Un simple embarras gastrique diminue la sensibilité gustative. D'autres affections l'augmentent au contraire, et c'est le cas de l'hypersthénie que caractérisent en outre l'accroissement de l'appétit et l'abondance des sécrétions stomacales, pepsique et chlorhydrique (A. ROBIN). Les fermentations secondaires, les crises douloureuses sont des manifestations ultérieures, tardives, car l'estomac est un organe très patient et il peut être depuis longtemps hypersthénique avant que les accidents apparaissent. Il est probable que l'exagération de l'appétit, du besoin de manger, provient de l'hypersécrétion, laquelle appelle l'ingestion des aliments comme un moyen de saturation ; on s'en aperçoit à la période de souffrance où tout repas procure, momentanément au moins, un réel soulagement. D'autre part, puisque, suivant M. G. LEVEN, la dyspepsie hypersthénique est une forme de névrose du sympathique, plus spécialement du plexus solaire, elle réagit sur les viscères synergiques et, en premier lieu, sur le foie et le pancréas, dont les sécrétions sont également augmentées d'abord, puis, plus tard, altérées et diminuées, quand, les désordres stomacaux s'aggravant, ces glandes se sont épuisées à saturer l'hyperacidité du chyme et à suppléer à l'insuffisance gastrique. On s'explique donc que, pendant la longue phase de compensation, l'hypersthénique mange et digère bien et représente un bon vivant d'aspect réjoui.

La physiologie expérimentale complète ces données. Marius BLISE a montré que, normalement, le goût diminue à partir d'une certaine limite et FÉRÉ (1) que les saveurs et les odeurs agréables produisent, quand elles sont fortes, une stimulation plus grande mais une fatigue plus rapide. Il en est de même pour l'acuité gustative : les expériences de KIESON ont établi que les

(1) La fatigue par les excitations du goût (*Soc. de Biologie*, 6 juillet 1901).

impressions gustatives arrivent à la conscience, non pas simultanément comme les sons, mais séparément, ce qui permet d'apprécier chacune d'elles. On ne saurait donc parler exactement de symphonie des saveurs, mais seulement d'une succession harmonieuse. Or, on constate, chez beaucoup d'hypersthéniques, un recul du seuil de la fatigue gustative et une puissance d'analyse des saveurs si développée qu'elle leur permet de discerner les différentes substances qui sont entrées dans la préparation d'un mets, même si quelques-unes se trouvent en quantité presque infinitésimale ; et cette acuité rend également compte des répugnances singulières dont ces hypersthéniques témoignent pour des mets préférés quand ils sont préparés hors de la règle habituelle et avec quelque ingrédient inaccoutumé. Ici, du reste, la sensibilité olfactive se superpose à la sensibilité gustative, car il y a, entre elles, des rapports certains, quoique assez mal définis : un coryza supprime le goût aussi bien que l'odorat, de même le tabac ; mais une faradisation légère, un badigeonnage salin de la pituitaire développent à la fois l'odorat et le goût.

L'enquête physiologique et pathogénique qui précède amène à reconnaître, chez le gourmand, tous les caractères de l'hypersthénie, sensibilité gustative, bon appétit, choix délicat, préférences et répugnances, etc., et, par conséquent, à conclure que le gourmand est un hypersthénique, latent d'abord, ou du moins ignoré, notoire ensuite. Et, en effet, l'examen clinique du gourmand, même en très bonne santé apparente, surtout l'étude de son chimisme gastrique, montrent qu'il en est bien ainsi. Même les enfants dont parle M. L. MARCHAND, qui sont sensibles au moindre changement de saveur de leur lait, s'attestent déjà des hypersthéniques, ainsi que le prouve l'analyse des matières vomies ; ils ont des

sécrétions particulièrement abondantes et anormalement acides.

Toutefois, si tous les gourmands sont des hypersthéniques, il s'en faut de beaucoup que tous les hypersthéniques soient des gourmands. L'hypersthénique ne sys-
tématise pas fatalement son appétit (il est parfois ano-
rectique), sa sensibilité aux goûts et aux odeurs alimentaires ; il s'y soumet sans en dériver une idée stable
et envahissante. Pour que cette systématisation ait lieu,
pour que les émotions agréables, nées de la satisfaction
de ses tendances et de ses besoins particuliers, s'orga-
nisent en état passionnel, l'intervention préalable d'un
autre facteur devient nécessaire.

Rôle du terrain. — « Il est des individus, disait Descuret (1), qui naissent gourmands comme il en est
qui viennent au monde sourds ou aveugles. » Les nourrissons de M. L. Marchand en sont une preuve. En
tout cas, les gourmands appartiennent, à de très rares
exceptions près, à des familles arthritiques. Cela doit
d'autant moins surprendre que l'hérédité arthritique
s'exprime très souvent par des troubles de l'émotivité
et de la sensibilité, surtout dans le sens de l'exagération ;
elle est, en particulier, la mère de la constitution émotive si bien étudiée par M. Dupré. Aussi voit-on, chez
les hérédo-arthritiques, la gourmandise alterner avec
différentes maladies de la nutrition, les névropathies et
les dispositions artistiques qui n'en sont qu'une modalité. Des trois enfants d'une famille anciennement
arthritisée, l'un était obèse et goutteux, l'autre (la fille)
psychasthénique avec des idées mystiques, le troisième
gourmand et poète à ses heures. Dans une autre famille
du même genre, l'un des garçons fut passionnément

____

(1) *Op. cit.*, p. 355.

gourmand, l'autre musicien de renom. Dans une troisième, la fille, à peu près normale, reste, mariée, stérile par défaut de conformation, mais ses deux frères, l'un ingénieur, l'autre médecin un peu excentrique, étaient des gourmands appréciés. Dans une quatrième, le grand-père, mort jeune d'apoplexie, eut un fils diabétique dont les deux garçons finirent mal : l'aîné, mathématicien de talent, fit de la confusion mentale ; le cadet, gourmand d'abord, devint intempérant et ivrogne, etc. De ces quelques observations, dont la liste s'allongerait aisément si on y ajoutait celles qu'ont publiées les anciens auteurs, il ressort que la gourmandise est de préférence, et on peut même dire presque exclusivement, une expression de la diathèse arthritique. Cette dernière est responsable des troubles sympathico-viscéraux primitifs, de l'hypersthénie et de l'émotivité, à la faveur desquels se constitue la passion. Par là aussi s'explique la fréquence relative de la gourmandise dans la bourgeoisie aisée où le surmenage est courant et où, par conséquent, l'arthritisme est extrêmement répandu.

Rôle du milieu. — Il est très important, à ce propos, de ne pas confondre l'effet avec la cause. Les médecins qui attribuent à la suralimentation une influence déterminante dans la genèse de la diathèse arthritique sont portés à voir dans la gourmandise la cause parce qu'ils ne font pas de différence entre le gros mangeur et le gourmand. Nous avons ci-dessus suffisamment marqué cette différence pour n'avoir pas besoin d'y revenir. La gourmandise est un effet de la diathèse déjà installée. Mais, et c'est ce qui rend compte de la confusion, les manifestations de la gourmandise ne sont pas toujours très précoces ; elles sont même souvent assez tardives et n'apparaissent qu'à la suite de certaines circonstances particulières.

Nous avons vu que, à la troisième étape, le gourmand devient en quelque sorte contagieux ; il aime les réunions, fait de la propagande et attire, par son exemple et ses leçons, l'attention. A son contact, le prédisposé trouve sa voie ; il s'y engage sans grande résistance et finit par s'y abandonner. D'où une double conséquence : l'élément cérébral, nécessaire à la constitution de la passion, est apporté par la fréquentation des gourmands et se développe en idée envahissante et dominante ; puis la passion constituée conduit, en se satisfaisant, à accentuer les troubles latents et à extérioriser la diathèse. Ainsi a pris naissance l'opinion que la gourmandise est parfois la cause de l'arthritisme. « S'il n'y avait pas de gourmands, il n'y aurait pas de goutteux », disait Sydenham. Mais cette opinion n'est pas littéralement exacte, puisque la gourmandise est la conséquence de la diathèse ; seulement, par la nature même des satisfactions qu'elle cherche, elle est parfaitement capable de l'aggraver.

La double influence du terrain et du milieu explique qu'il y ait des familles, des catégories professionnelles de gourmands ; elle explique que les hommes soient plus sujets à la gourmandise à un certain moment de leur existence, quand ils ont plus d'aisance, plus de loisirs, plus d'occasions de rencontrer et de fréquenter les gens de même goût ; elle explique enfin que les femmes y soient en somme moins exposées. On a voulu justifier la résistance qu'elles offrent à la gourmandise par la nature de leurs préoccupations dominantes et par la moindre acuité de leur sensibilité gustative et olfactive, affirmée par Mattei, Krafft-Ebing et Havelock Ellis mais niée par Toulouse et Vaschide. En fait, la femme n'est pas gourmande à la manière de son compagnon ; elle l'est à la sienne, et l'on sait que la

friandise est un de ses péchés mignons. Toutefois, l'hypersthénie originelle se montre plus rare chez elle, l'hérédo-
arthritisme s'y traduit sous des formes moins affinées,
moins artistiques, plus franchement névropathiques, et
elle ne rencontre pas, aussi facilement que l'homme,
les circonstances capables d'organiser spécialement cette
passion.

****

Inconvénients personnels de la gourmandise. — On ne
discerne pas d'emblée les inconvénients de la gourmandise. L'aspect souvent floride, l'entrain du gourmand
font illusion au public et parfois à lui-même ; son excitation perpétuelle est prise pour une exubérance de
santé ; elle est, en réalité, un symptôme avant-coureur
de l'état morbide imminent. Nous l'avons vu, en effet ;
sous l'incitation de sa passion, le gourmand se surali-
mente, et, non seulement il mange et boit trop par rapport à ses besoins réels, mais encore il consomme de
préférence les mets les plus riches et les plus excitants
et les vins les plus généreux, ce qui entraîne une suractivité de tous les organes, mais spécialement des
organes d'élaboration digestive et d'élimination, estomac,
intestin, foie, reins, peau, etc. Ce bon vivant à la mine
fleurie, au corps replet, souffre déjà de certains
troubles ; il dort mal ou pas assez ou trop ; il est conges-
tionné, essoufflé après ses repas, il a des heures de lassi-
tude et de paresse.

C'est que tout organe qui fonctionne trop se fatigue,
se surmène et s'épuise ; il devient déficient, incapable
de remplir sa tâche. Le gourmand ne tarde pas à s'en
apercevoir ; peu à peu digestions pénibles, éructations,
ballonnements, vertiges, maux de tête, somnolence l'as-

saillent, auxquels succèdent ou se superposent l'obésité, la crise de goutte ou de colique néphrétique, les dermatoses, la néphrite, la dyspnée d'effort, bref tous les accidents de l'arthritisme et les menaces qu'ils comportent.

Quoi qu'on en ait dit, l'arthritisme est une réalité clinique, c'est la maladie du *surmenage* (1). Toute cause entraînant l'hyperactivité fonctionnelle d'un organe peut le provoquer : excès de travail musculaire, sécrétoire ou nerveux, intoxications, infections. La suralimentation est donc une des causes et même la cause la plus habituelle de l'arthritisme, et tous les gourmands sont, plus ou moins, des suralimentés. Or, la gourmandise se développe presque exclusivement chez les hérédoarthritiques, chez des individus dont le métabolisme est originellement vicié et dont, par suite, le seuil de la fatigue et du surmenage des organes est plus bas.

Il s'en suit que le gourmand, en sacrifiant à sa passion, va aggraver les manifestations de sa diathèse, en précipiter l'évolution. Déjà, à l'ordinaire, l'arthritisme assombrit le pronostic des infections les plus banales, grippe, pneumonie, etc., prédispose au cancer et, grand facteur des scléroses, à l'urémie et à l'apoplexie. Mais combien plus imminents sont, chez le gourmand, ces effets nocifs ! On est frappé de la rapidité avec laquelle il succombe et souvent à un âge relativement peu avancé, soit à une infection intercurrente, soit à une tumeur maligne des voies digestives (2), soit à un accident rénal, vasculaire ou cardiaque. Il semble qu'une cause minime se surajoutant ait suffi à faire éclater

(1) Cf. J. LAUMONIER, Les maladies sociales, III ; L'arthritisme (*Bull. gén. de thérapeutique*, sept. et oct. 1912).

(2) Autant que je sache, le cancer n'est pas beaucoup plus fréquent chez le gourmand que chez les autres arthritiques, mais quand il éclate, chez lui, il se développe avec une rapidité extrême que l'intervention chirurgicale ne paraît, du reste, que hâter.

l'organisme sous pression. Comme toutes les déviations de l'instinct, la gourmandise impose donc, à ceux qui s'y abandonnent, le paiement d'une lourde rançon.

Conséquences sociales. — L'arthritisme a une autre conséquence redoutable ; il tend à stériliser la race, à la rendre inféconde.

Il faudrait ici rappeler, pour notre édification, l'exemple de ces fourmis qui, extrêmement gourmandes du miellat qu'excrètent certains staphylinides (*atameles, lomechusa*), vont jusqu'à priver leurs larves royales de nourriture pour subvenir aux besoins de leurs commensaux. Il en résulte que les larves donnent des avortons, ou *pseudogynes*, à la fois inféconds et inaptes au travail et que l'avenir de la fourmilière se trouve irrémédiablement compromis. Aussi WASSMANN n'hésite-t-il pas à qualifier de maladie sociale la gourmandise des fourmis, puisqu'elle a de telles conséquences. Au fond, la gourmandise humaine n'est pas loin d'avoir parfois des résultats aussi déplorables. Dans ses belles *Recherches sur la dépopulation de la France*, MAUREL (de Toulouse) a établi que, au bout de la troisième ou quatrième génération, les familles arthritisées s'éteignent faute de postérité. C'est à cette cause que serait due en partie la faiblesse de notre natalité, cause qui se reconnaîtrait à l'absence complète d'enfant, la restriction volontaire, bien plus active, s'exerçant surtout après la naissance d'un ou de deux rejetons. Au reste, des constatations analogues ont été faites dans tous les pays civilisés, et les investigations historiques, celles de JACOBY notamment, tendent à prouver que l'arthritisme est un des plus puissants facteurs de décadence des grandes familles et des vieilles races. Puisque la gourmandise est à la fois une expression et un motif d'aggravation de l'arthritisme, elle ne saurait qu'accentuer l'influence désastreuse que celui-ci exerce sur la vitalité de la race.

Un dernier point doit être envisagé. Au temps où la gourmandise fut inscrite sur la liste des péchés capitaux, les denrées alimentaires étaient, sinon rares, du moins exposées à des déficits importants, provenant tant des conditions climatiques que de la difficulté des communications. Il y avait donc, pour toute collectivité, un intérêt de premier ordre à limiter le gaspillage de nourriture et TAYLOR a rappelé que, chez certains peuples sauvages ou barbares, des punitions sévères ont été instituées contre ce gaspillage. Les conditions alimentaires s'étant tellement améliorées que les excès des gourmands ne peuvent plus guère modifier le marché des vivres, il semble que, sous ce rapport, la gourmandise ait beaucoup perdu de son retentissement social. Et cependant il est encore des circonstances où ce retentissement nous devient perceptible. La guerre nous en a apporté la preuve. Les restrictions alimentaires qui s'imposaient alors par suite de la mobilisation, de la diminution de la production agricole et du tonnage disponible, ont été aggravées par les accaparements particuliers. Sans doute ceux-ci résultaient bien plus de l'appât du lucre et de la peur de manquer que d'une incitation de la gourmandise ; ils n'en ont pas moins permis au commun des mortels de se rendre compte de l'effet de resserrement que peut produire l'accaparement ou le gaspillage de la nourriture et par conséquent de comprendre pourquoi la gourmandise, qui n est une forme, devait être, au point de vue social, rohibée et combattue.

***

Traitement somatique de la gourmandise. — Il paraît illusoire de traiter la gourmandise à son acmé. A ce moment le gourmand trouve toute satisfaction dans sa passion et se croit en excellente santé ; non seulement il ne songe nullement à demander l'avis du médecin, mais encore il dédaigne les plus élémentaires prescriptions de l'hygiène. Ce n'est que plus tard, quand les troubles gastriques, intestinaux, hépatiques, nerveux, l'obésité, le diabète, la néphrite s'installent, qu'éclatent les crises de goutte ou de gravelle, les dermatoses, les intolérables migraines, etc., qu'il se décide à consulter le praticien. Celui-ci, en présence d'un état passionnel déjà modifié et parfois à son déclin, ne peut guère s'occuper que des maladies dont son client se plaint. Du traitement de ces diverses maladies, je n'ai pas à parler ici et je renvoie à cet égard aux indications que renferme mon petit livre sur l'arthritisme (1).

Cependant il arrive que le médecin rencontre des gens ou reçoive la visite de personnes qui ont conscience de leur gourmandise et de ses dangers et qui voudraient, sans grande peine naturellement, les éviter. Que va faire le médecin ?

Il faut d'abord, bien entendu, qu'il examine son client *à fond* en utilisant tous les procédés de la clinique et du laboratoire, analyse des urines, du sang, des matières fécales, chimisme gastrique, réactions sérologiques, etc. C'est un moyen de capter la confiance du malade et de l'impressionner ; il y est d'ailleurs disposé puisque le voilà dans le cabinet de consultation. Cet examen, au

---

(1) J. LAUMONIER, *Arthritisme et artériosclérose*, 35° mille (Larousse, édit.).

surplus, ne peut manquer de déceler des troubles insoupçonnés ou trop peu accentués pour avoir sérieusement attiré l'attention du patient, mais qui, découverts, annoncés et expliqués, justifieront le traitement.
Parmi ces troubles, chez le gourmand en bon état,
figure nécessairement l'hypersthénie. C'est donc à elle
qu'on va s'attaquer en premier lieu.

Le gourmand a d'ordinaire un excellent appétit, qui
lui sert, en quelque sorte, d'excuse publique. S'il court
après les bons repas, s'il fait des excès de table, s'il est
toujours préoccupé de recettes culinaires et de menus,
c'est qu'il a un appétit solide, et que, mangeant fort
bien, il est conduit à boire de même. A cet homme qui
a tant d'appétit on ne dira pas de ne plus manger ; il
n'en ferait rien, mais on s'efforcera de diminuer son
appétit.

L'appétit disproportionné aux besoins est un symp·
tôme de l'hypersthénie. Celle-ci est améliorée assez vite
par les saturants à haute dose, suivant le procédé de
M. Albert ROBIN, de préférence carbonate de chaux
associé à un peu de magnésie, si on craint la constipation, ou encore bismuth. Aucun malade ne se refuse à
cette médication, qui, au début, n'exige point de modification radicale du régime culinaire ; cette modification s'accomplit presque toute seule parce que la chaux
et le bismuth, en modérant l'excitabilité sympathique,
diminuent progressivement l'abondance et l'acidité des
sécrétions et par suite l'appétit et l'hypersensibilité
gustative. Quelquefois, quand le malade est bien disposé et suivant les résultats de l'analyse gastrique, on
peut prescrire avec avantage 8 ou 10 jours de régime
hypochloruré, qui abaisse considérablement l'acidité stomacale et l'appétit ; mais ce moyen demande à être
surveillé de près, sinon il tend à dépasser le but que l'on

vise. Au bout de 4 à 6 semaines de traitement par les saturants et les sédatifs alternés, l'appétit a beaucoup perdu de son exagération, et l'on peut aborder une restriction alimentaire plus marquée, à laquelle le malade en arrive du reste de lui-même, s'il observe rigoureusement les prescriptions du médecin. On a institué des régimes extrêmement sévères contre la suralimentation, l'arthritisme et les accidents qui s'ensuivent. ALI-BAB, dans sa *Gastronomie pratique* (1), a indiqué un traitement qui ne s'applique d'ailleurs qu'à l'obésité. Je ne discute pas les succès que l'auteur a obtenus, mais je reproche à tous ces régimes d'imposer aux patients le supplice de la faim puisqu'ils négligent de supprimer d'abord l'appétit. C'est ce qui explique qu'ils soient, en réalité, très rarement observés, surtout par les gourmands.

En dehors de la restriction alimentaire qui porte plus sur la quantité que sur la nature des aliments, mais entraîne cependant la suppression des mets très relevés, des condiments les plus irritants et des vins trop généreux, il va de soi que les affections qui auront pu être dépistées au cours de l'examen seront simultanément soignées et pourront conduire à d'autres modifications du régime. Enfin les soins hygiéniques sont également nécessaires, dans la gourmandise comme dans toutes les passions, propreté très rigoureuse, lavages fréquents de la bouche, frictions, pédiluves, bains, etc., je le dis ici une fois pour toutes. Dans la gourmandise cependant, il ne faut pas abuser des exercices physiques et des sports qui tendent à accroître l'appétit ; néanmoins on y trouve parfois un élément de dérivation assez puissant pour compenser leurs inconvénients.

---

(1) *Traitement de l'obésité des gourmands*, p. 231 et suiv.

Le changement de milieu. — Le traitement somatique, en effet, est un point de départ qu'il ne faut jamais perdre de vue et auquel il faut sans cesse revenir. Mais si l'effort s'arrêtait là, si on ne se préoccupait pas en même temps d'éloigner le gourmand de son milieu, de changer ses habitudes, il ne tarderait pas à retomber dans son erreur, à abandonner le traitement et tout serait à recommencer. Or, amener le gourmand à ne plus fréquenter ses pareils, à ne plus assister aux dîners fins, à ne plus s'intéresser à l'élaboration des menus, est une tâche difficile. Elle ne peut être menée à bien que si le médecin garde sur son client une emprise suffisante et si l'action du traitement sur l'appétit et la sensibilité gustative s'est faite nettement sentir. Il peut d'ailleurs être aidé par la famille (rarement par les amis) et par les supérieurs. Mais, la plupart du temps, le médecin ne doit compter que sur lui-même et la bonne volonté de son malade. Chez les plus passionnés des hommes, subsistent toujours, dans la mentalité, quelques points sensibles, quelques tendances ignorées, qu'il appartient au médecin de découvrir et d'exploiter. Il ne s'agit pas, bien entendu, d'éveiller une nouvelle passion à côté de l'ancienne, ni de substituer un péché à un autre ; j'ai connu un gourmand auquel on suggéra de collectionner les timbres-poste, il guérit de sa gourmandise mais se ruina en achats coûteux. Ce qu'il faut surtout, c'est distraire, autrement dit éloigner l'idée dominante déjà affaiblie par le traitement ; chez les gourmands intellectuels, qui sont la grande majorité, on y arrive assez aisément, car les motifs de distraction ne manquent pas ; il suffit de trouver le bon, ce qui dépend de la patience, de la finesse, de la fermeté aussi du médecin.

Diminution de fréquence de la gourmandise. — Une constatation singulière terminera ce chapitre. De tous les péchés capitaux, seule (peut-être faut-il y joindre l'avarice), la gourmandise paraît en voie de diminution. Très nombreux sont encore les polyphages, les gros mangeurs, ceux qui simplement aiment des mets bien préparés, mais ce ne sont pas là de vrais gourmands pour qui la satisfaction du goût demeure le souverain bien. A l'heure qu'il est, les vrais gourmands sont très rares. Cela tient, je crois, d'une part à l'abus de l'alcool, du tabac, des toxiques médicamenteux ou non ; de l'autre aux conditions mêmes de la vie présente, nervosité de l'existence, hâte de jouir, chocs émotionnels d'un ordre différent, etc. Quoi qu'il en soit, le fait est là et il s'affirme de plus en plus. Les vieilles recettes se perdent, la cuisine s'uniformise dans une atroce médiocrité. Malheureusement, le diable en réalité n'y perd rien, car il se rattrape, et largement, avec la paresse, l'orgueil et la luxure.

CHAPITRE III

LA PARESSE

Formes de la paresse. — La paresse est probablement
le péché dont les médecins se sont le plus occupés, surtout chez les enfants. Cependant on en distingue plusieurs formes qu'avant d'aller plus loin nous devons
énumérer.

Paresse vient de πάρεσις qui veut dire affaiblissement. Ce mot grec a été conservé intégralement dans
parésie, qui sert à désigner une diminution légère de la
contractilité musculaire, mais l'usage l'a détourné de
son sens primitif et exact, puisqu'on définit communément la paresse « un penchant habituel à rester dans
l'inaction et à s'y complaire (1) ». Les psychologues en
reviennent aujourd'hui à une compréhension moins
sommaire quand ils disent : « La paresse est une dépression psychologique qui atteint la région de l'effort et
toutes les tendances qui en dérivent, comme le travail,
les opérations qui font passer l'acte de la décision à
l'exécution (2) ». En tout état de cause, il semble bien
que le populaire et la psychologie ne parlent pas tout

(1) Descurret, *op. cit.*, p. 454.
(2) Pierre Janet, *op. cit.*, t. 1, p. 252.

à fait de la même chose, car celui qui se complaît dans sa paresse peut-il être assimilé tout à fait à celui qui la subit ?

La paresse par impuissance. — Et, en effet, dans un intéressant travail sur ce sujet, M. E. TARDIEU (1) distingue la paresse par impuissance de la paresse par sensualité ; la première serait involontaire, la seconde consentie ou voulue.

La paresse par impuissance est proprement la paresse dite pathologique ; elle représente un vice, une déviation instinctive profonde, liée à des insuffisances fonctionnelles et à des troubles organiques souvent presque irrémédiables, altérations endocriniennes et arriération, tuberculose, hérédo-syphilis, hérédo-arthritisme, névroses et psychoses. Le sujet, dans ce cas, est un malade patent ; il n'a les moyens ni physiques, ni psychiques de faire l'effort et d'accomplir le travail. C'est à sa paresse, imposée et subie, que s'applique surtout la définition des psychologues qui ne l'ont guère observée que chez les grands névropathes. Différente, du moins en apparence, du péché de paresse, elle sort du cadre de nos recherches et nous ne nous y arrêterons pas davantage.

Cependant, à côté de cette paresse par impuissance permanente et, en quelque sorte, totale, il convient de placer la paresse par impuissance partielle et occasionnelle, non inhérente absolument à la constitution, mais due à des circonstances accessibles, modifiables, dont la disparition supprime la paresse, par exemple le défaut d'acuité visuelle ou auditive, que l'on peut aisément corriger, certains troubles digestifs et respiratoires, les végétations adénoïdes, le diabète, etc. Beaucoup de ces

(1) *La Revue*, 1ᵉʳ juillet 1913.

troubles sont d'ailleurs imputables aux inconvénients du régime scolaire imposé en France aux enfants, inconvénients qui peuvent entraîner la paresse par impuissance momentanée chez des sujets d'aspect normaux. « Dans cette catégorie, dit M. PAUCHET (d'Amiens) (1), rentrent quatre types principaux : le type respiratoire, représenté par le rural, entraîné à la vie des champs, qui ne travaille qu'à la condition d'avoir une ration d'air énorme ; le type musculaire, représenté par le solide garçon aux mâchoires saillantes, aux muscles vigoureux, qui travaillera si l'on prend soin de satisfaire à son exigence d'exercice physique ; le type digestif, représenté par l'élève qui ne pense et ne travaille que si son estomac a reçu une alimentation abondante et réconfortante ; le type cérébral enfin personnifié par l'enfant né de parents citadins, entraîné au manque d'air, de lumière et d'exercice, travaillant et se portant bien « en apparence », mais qui sortira de pension chétif et incapable de fournir la belle carrière à laquelle ses qualités d'élève studieux semblaient le destiner. » Si donc on ne donne pas suffisamment d'air au respiratoire, d'exercice au musculaire, de nourriture au digestif, de repos au cérébral, ils souffriront et deviendront, par impuissance au travail, des paresseux ; mais qu'on leur fournisse ce dont, par tempérament, ils ont besoin et ils accompliront convenablement leur tâche.

Déjà, auparavant, j'avais moi-même (2) attiré l'attention sur ce point et montré que le petit paresseux est un malade, dont les troubles doivent être recherchés et soignés, et dont le traitement amène assez vite le retour aux habitudes laborieuses. J'ai insisté aussi sur le rôle

(1) La paresse, causes et traitement (*Hygie*, 15 janv. 1912).
(2) Traitement de la paresse (*Bull. gén. de thérapeutique*, 23 févr. 1910).

des circonstances extérieures générales, les événements récents en apportent une nouvelle preuve. Pendant la guerre, les enfants se sont désintéressés des études, par l'effet inévitable de préoccupations étrangères et d'émotions intenses, et ils ont continué depuis, surtout les plus âgés, à ne pas faire grand'chose, soit que des dispositions antérieures aient été aggravées par les circonstances, soit que leur esprit ait perdu la possibilité de se fixer d'une manière suffisante. En outre, dans beaucoup d'endroits, et notamment dans les régions occupées, les privations alimentaires et les mauvaises conditions hygiéniques et morales, en retardant le développement, ont propagé la paresse par impuissanc momentanée.

Cette paresse se retrouve chez l'adolescent et chez l'adulte, et M. G. HAURY (1) l'a spécialement étudiée dans l'armée, où elle peuple les locaux disciplinaires, mais l'auteur remarque qu'elle tend, lorsqu'elle persiste après 20 ans, à s'aggraver, ou plutôt, à devenir symptomatique d'états sérieux, infections ou intoxications chroniques, épilepsie, débilité, démence, etc., et c'est pourquoi il conclut que « la paresse peut être parfois le premier symptôme de la disparition complète des facultés d'un individu ».

Le péché de paresse. — La paresse par sensualité se présente sous un autre aspect. Chez les paresseux par impuissance, la clinique extériorise assez facilement les troubles en cause. Dans la paresse dite volontaire, il n'en est pas ainsi ; la santé est *supposée indemne* et si l'individu est paresseux, on pense que ce n'est pas parce qu'il ne peut pas faire autrement, mais parce qu'il le veut et se trouve bien ainsi. C'est ce qui distingue le

(1) *Archives d'anthropologie criminelle et de médecine légale,* 25 août-15 sept. 1913.

péché de paresse. On le reconnaît, on l'admet et on s'y complaît ; et on s'y complaît non seulement par une sorte d'abandon ou d'abdication, mais par l'intense satisfaction et, pour tout dire, le souverain bien qu'on y trouve. La paresse par impuissance n'est point de notre ressort ; la paresse par sensualité a tous les caractères d'une passion ; elle nous appartient.

Caractères du paresseux par sensualité. — Le péché de paresse s'observe le plus souvent chez l'adulte, mais on le rencontre aussi chez l'enfant, attendu que l'homme fait qui en est la victime d'ailleurs satisfaite a parfois été paresseux dès son jeune âge. Quoi qu'il en soit, ce qui caractérise le paresseux par sensualité, c'est le refus de l'effort. Il évite toute peine, même légère, et, par conséquent, se désintéresse de ce qui n'est pas son repos, de ce qui peut entraîner des préoccupations, des actes, des fatigues ; il est peu émotif, point triste, mais imprévoyant. De là son existence incolore et décousue. Ce n'est pas toutefois qu'il soit dénué d'intelligence; il prouve le contraire par la manière dont il sait s'arranger pour faire exécuter sa besogne aux autres et tirer parti de leur travail. Perpétuel profiteur, il représente le véritable parasite qui vit aux dépens de tout le monde, dans les limites du Code quand il en a les moyens, et n'hésitant guère, s'il en est dépourvu, devant le délit et même, plus rarement, le crime, tant son idée passionnelle le domine. Il tient tellement d'ailleurs à sa paresse que, ordinairement doux et résigné, il devient hargneux et méchant quand on cherche à l'en tirer. Toutes les avances, toutes les propositions de travail et de situation, il les repousse ; il refuse de porter secours aux autres, de les assister ; il supporte les railleries et les injures, devient cynique et lâche. Ainsi s'atteste le caractère désadaptateur de sa paresse. Ce n'est donc pas de lui, mais bien plutôt du paresseux par impuissance, que VAUVENARGUES a pu dire qu'il a toujours envie de faire quelque chose.

Mais ce paresseux n'est pas toujours aussi achevé, aussi complet. Il présente des variantes, que DESCURET a énumérées : le nonchalant, l'indolent, le fainéant. Le paresseux ne veut rien faire et ne fait rien, le fainéant non plus, mais il y a une nuance, car celui-ci ne paraît pas, comme celui-là, refuser le travail ; seulement il s'attarde, flâne, musarde, et recule indéfiniment sa mise en train. Le nonchalant, l'indolent n'accomplissent jamais toute leur tâche, qu'ils n'abordent qu'avec lenteur, difficulté et indifférence ; s'ils font quelque chose, ils le font mal ; ce sont les inventeurs du sabotage. Tous, d'ailleurs, aiment l'immobilité contemplative et les longues rêvasseries vides et ce qui peut les entretenir et les prolonger, conversations oiseuses, spectacles de la rue, séjour au cabaret, ruminations solitaires, si favorables aux idées égoïstes et mauvaises. L'oisiveté est la mère de tous les vices, dit-on, mais la paresse est leur aïeule.

Paresse et détente. — Toutefois, il faut se garder de confondre, avec la paresse, la détente consécutive au travail. Beaucoup de grands paresseux cherchent à se faire passer pour artistes, poètes ou philosophes ; c'est une excuse commode, tout à fait distinguée et qui procure certains avantages. Mais ils ne produisent rien ou des ébauches si informes qu'elles les dénoncent. Cependant cela suffit parfois à assurer leur parasitisme. Comme le travail musculaire, le travail intellectuel continu ou intense produit la fatigue, l'épuisement et condamne au repos obligatoire. Chez le cérébral, ce repos peut prendre l'allure de la paresse, indolence, oisiveté, vie au jour le jour. Au vrai, il n'en a que l'apparence, car

si le corps ne s'agite pas toujours, l'esprit reste rarement
inerte et, tout en savourant la douceur des heures présentes, prépare parfois inconsciemment les labeurs fu-
turs. Aussi voit-on, ce qu'on n'observe pas dans le péché
de paresse, le besoin d'action reprendre peu à peu le
dessus à mesure que la détente s'achève. C'est l'existence bien connue de cette période de détente que tant
de gens invoquent sans cesse pour expliquer leur paresse.

Néanmoins, dans certains cas, la détente trop prolongée est capable de créer la paresse ; on le constate
notamment après des échecs, une maladie, surtout un
accident chez les travailleurs manuels, et à la faveur
d'un sentiment étranger en apparence, celui de la mal-
chance, de l'inutilité de l'effort, du danger de la profession ou du métier. On hésite alors à reprendre sa
besogne, on en recule de jour en jour le moment et
l'habitude de ne rien faire s'installe. Le Coupeau de
l'Assommoir en est un exemple bien décrit par ZOLA.
Il est exact qu' «il y a des jours où l'on n'est pas en train »,
et cette situation trouve sa justification dans la fatigue,
encore que sa cause ne soit pas toujours le travail, mais
plus d'une fois aussi les excès, les intoxications, l'alcool, etc. On ne peut guère alors parler de péché de
paresse, car les personnes les plus actives et les plus laborieuses ont de ces mauvais jours. A cette paresse apparente appartient enfin la nonchalance scolaire, signalée
par plusieurs auteurs et notamment par M. PAUCHET et
par MM. VIGNE et BOUCHY (1), due soit à ce que les
enfants, épuisés par la violence de leurs jeux, se trouvent incapables de suivre la leçon du maître, soit à ce
que, mal intéressés par l'enseignement, ils contemplent

____

(1) Enquête médico-pédagogique sur la paresse (*Avenir médical*, juin et
novembre 1920).

leurs propres pensées ou se livrent à des occupations étrangères à la classe. Partout nous apercevons une compensation s'établir pour que l'organisme ne dépasse pas trop les limites de son rendement. LAFARGUE a écrit un petit livre sur *le Droit à la paresse* dans lequel il soutient, non sans raison, et presque dans les mêmes termes qu'AMIEL, que le rêve et la flânerie, en coupant opportunément les périodes de travail, peuvent être des moyens de récupération physique et intellectuelle.

Terminaison de la paresse. — Alors que la paresse par impuissance se modifie avec les causes organiques qui, notoirement, la déterminent, s'aggrave ou s'atténue et disparaît avec elles, la paresse par sensualité, une fois installée, demeure et ne subit que peu de changement avec l'âge, qui ralentit naturellement l'activité de l'esprit comme celle du corps. Nous aurons à établir les véritables raisons de cette immutabilité apparente. Notons seulement celles qu'on donne d'ordinaire : le paresseux volontaire étant peu sensible aux chocs émotionnels, mauvaises nouvelles, chagrins, deuils, changement de situation, etc., ceux-ci n'exercent qu'exceptionnellement une action modificatrice, transfert ou substitution. Et c'est pourquoi le péché de paresse, par l'indifférence dont ses victimes font preuve à l'égard des événements extérieurs, a été jugé, par les moralistes, de guérison très difficile.

La désadaptation au travail. — Les physiologistes ont montré que le travail est un effort et par conséquent une dépense. Pour l'accomplir, il faut donc être à même d'en faire les frais. Chez les animaux, le travail est souvent intense, mais coupé par de longs intervalles de repos. Ils n'ont, en effet, que deux besoins à satisfaire, l'un continu, nourriture et conservation individuelle, l'autre intermittent, reproduction et conservation de l'espèce. Ce n'est que dans les sociétés animales organisées, celles des fourmis, des termites, des abeilles, ou encore chez les castors, qu'un nouveau besoin, l'entr'aide, apparaissant, la besogne s'accroît et se complique. Aussi ces bêtes sont-elles remarquables par leur laborieuse activité.

Bien plus complexe encore, varié et prolongé, est le travail de l'homme en société, parce que ses besoins sont très nombreux, et, plus il se civilise, plus il les multiplie ; par suite, le travail qu'il est obligé de fournir augmente dans les mêmes proportions et même sans doute dans des proportions plus grandes, en raison des frottements et des gaspillages inévitables que le machinisme facilite. On peut dire, avec Draper, que la place d'un peuple dans la civilisation se mesure à la somme de travail qu'il rend, ou, en d'autres termes, que plus un peuple est paresseux moins il est élevé dans la hiérarchie des races. Que l'on fasse intervenir, pour expliquer cette paresse, le climat, les caractères ethniques ou toute autre cause, la loi de Draper ne s'en vérifie pas moins historiquement.

Le travail, tel que nous le pratiquons, apparaît ainsi une obligation de la vie collective, qui entraîne, chez l'individu normal, une adaptation nouvelle, l'habitude et le besoin de certains efforts, dont économistes et moralistes ont été de la sorte conduits à proclamer la nécessité et la sainteté. De là découle que, quelque naturelle à beaucoup d'animaux que soit la paresse, le paresseux représente, dans une société civilisée, un désadapté.

Causes de la paresse par sensualité. Observations. —

Chez le paresseux par impuissance, la désadaptation est patente ; l'effort et la dépense qu'il faut faire pour exécuter un travail, il ne peut les accomplir. Mais le paresseux par sensualité le peut-il davantage ?

Beaucoup de psychologues, Th. Ribot (1) en particulier, considèrent le travail soutenu comme une forme concrète de l'attention. Or, l'attention est un effet de la volonté, et, par conséquent, le paresseux, qui ne cherche pas à développer son attention ou ne le peut pas, est un débile, un malade de la volonté. M. Pierre Janet se rapproche de cette manière de voir quand il dit que, chez le paresseux, la dépression psychologique atteint la région de l'effort et des tendances au travail, mais, dans tous les cas, c'est la paresse morbide, la paresse des grands névropathes, qui est envisagée et les auteurs n'ont pas de peine, en conséquence, à découvrir les relations de l'aboulie avec des troubles somatiques. Mais le problème que nous devons résoudre est plus délicat, attendu que le paresseux par sensualité ne semble, de prime abord, ni un névropathe, ni un malade, et, en admettant même que chez lui la volonté défaille, cela ne vous avancerait pas beaucoup, puisqu'il faudrait rechercher pourquoi elle est si faible. C'est un côté de la question qui a été assez négligé. Pour nous renseigner, interrogeons la clinique.

Voici un grand paresseux. Il n'a jamais rien fait de sa vie, que quelques vers médiocres en somme. Il est intelligent et sait fort bien exploiter ses poésies, qu'il récite en échange d'un dîner ou de quelques bocks. Sous prétexte qu'il est poète, ses amis plus laborieux se cotisent pour l'entretenir inoccupé, car, bien que sans un sou, il a refusé toutes les occasions qu'on lui

____

(1) *Psychologie de l'attention*, p. 62.

offrait de trouver une petite situation, assurant la pi-
tance et le logement. Il est comme il dit : « prisonnier
dans la rue ». Si nous examinons ce paresseux, nous
constatons qu'il incarne assez bien le *type intellectuel*,
grand, maigre, un peu penché, à voûte cranienne sur-
élevée, mais nous constatons aussi qu'il a une pression
vasculaire et une température inférieures à la normale.
Bien portant en somme, quoique proche de la soixantaine, il a la peau et les muscles flasques, de l'anorexie,
quelques douleurs abdominales et de la constipation.
Qui reconnaîtrait, en lui, vraiment un malade ? Or,
l'autopsie de ce prétendu poète, mort à l'hôpital, a été
faite et on a découvert que ses capsules surrénales
étaient en partie sclérosées et de très longue date. Cet
individu se trouvait être en définitive atteint d'hypoépinéphrie, et ainsi s'explique une paresse invétérée
qui, aux yeux de tous, semblait bien consentie, aimée
et voulue.

Voilà maintenant un apache, type en apparence
musculaire, mais en réalité plus gras ou bouffi que mus-
clé. Lui non plus, n'a jamais rien voulu faire ; il est
d'ailleurs d'une intelligence plutôt au-dessous de la
moyenne et sait tout juste lire et écrire. Lent, apathique, il n'a appris aucun métier. N'ayant jamais
été malade, mangeant et dormant bien, on le regarde
comme un fainéant, qui, pour vivre, a recours à la
maraude, au vol, au vagabondage spécial. Désigné
pour les bataillons d'Afrique, il est arrêté quelques
jours avant son départ, et, comme il se plaignait de
vagues malaises, examiné soigneusement au Dépôt ;
le médecin ne découvrant en lui rien de particulier,
il fut traité de simulateur, puis mis en prison où il
tomba malade et mourut au bout de peu de temps.
Cette fois encore l'autopsie amena des surprises : on

reconnut une légère atrophie de la thyroïde, des lésions de l'hypophyse, les aortes et le cœur un peu réduits. On se rendit compte ainsi non seulement de la cause de la mort de ce jeune délinquant, due à de multiples embolies, mais encore de sa frilosité habituelle, de l'empâtement de ses traits, de l'accélération de son pouls, de l'abaissement de sa tension vasculaire, de son apathie, et, en un mot, de sa paresse. Ce prétendu paresseux volontaire n'était lui aussi qu'un malade par hypoendocrinie.

Ces cas, qui datent de plusieurs années, n'ont pu être débrouillés qu'après la mort et grâce aux recherches de l'autopsie. Alors, on n'avait pas entrevu aussi clairement qu'on le peut à l'heure présente le rôle des sécrétions endocrines dans les déviations instinctives. Aujourd'hui, il faut constamment s'en préoccuper et, en présence de paresseux, rechercher les altérations glandulaires avec le plus grand soin. L'exemple suivant vient en témoigner.

Il s'agit d'un homme de 30 ans, ingénieur E. C. P., qui se comporta très brillamment pendant la guerre. Atteint de grippe assez bénigne en 1919, il changea complètement et, en somme, brusquement : tout lui était devenu indifférent, c'est-à-dire qu'il passait ses journées à rêver en fumant, à déambuler par les rues. On lui proposa plusieurs situations importantes qu'il refusa en déclarant qu'il se trouvait bien, qu'il ne voulait plus rien faire ayant assez travaillé quand il était jeune et pendant la campagne. Sa famille s'inquiéta, mais lui s'affirmait en parfaite santé. Et, en effet, il semblait engraisser, du moins il augmentait de poids, dormait bien, mangeait suffisamment pour quelqu'un qui ne prend pas beaucoup d'exercice, ne souffrait ni de l'estomac, ni de la tête, ni de quoi que ce fût. Un

premier médecin consulté, l'ayant ausculté et palpé
sans rien découvrir, attribua cet état de paresse caractérisé aux suites d'une grippe asthéniante, qui pourtant remontait à presque un an, et prescrivit des toniques, que le client consentit à avaler, et des exercices
physiques auxquels celui-ci se refusa formellement.
Un second médecin, appelé en consultation à la fin 1920,
procéda à un examen plus approfondi, qui, par la diminution assez sensible de la tension artérielle, l'existence
de douleurs épigastriques à la pression, d'une demi-
diarrhée permanente sans coliques, de deux ou trois
petites plaques bronzées sur la muqueuse buccale, etc.,
l'amena à conclure à une maladie d'ADDISON fruste,
à une insuffisance surrénale d'origine probablement
grippale. Et, en effet, l'administration d'adrénaline
et d'extrait surrénal total améliora si bien et si promp-
tement le malade, que, repris de son besoin d'activité
et de travail, il occupe actuellement une situation
importante et chargée de responsabilités dans une industrie électrique.

Ce cas singulier est celui de beaucoup de paresseux
par sensualité, mais la cause occasionnelle n'est pas toujours la même. Souvent, elle doit être cherchée dans une
infection qui s'est fixée sur les glandes endocrines,
spécialement sur les surrénales ou l'hypophyse, parfois
dans une intoxication, alcool notamment, cocaïne, morphine, etc., comme le rappelle le cas douloureux de
QUINCEY, qui atteint plus particulièrement les centres
nerveux ou l'appareil viscéro-sympathique, parfois
enfin dans une hérédité méconnue qui a troublé, sans
qu'on s'en doute, le fonctionnement de certains organes
de régulation. Aussi bien chez l'enfant, qui refuse de
travailler soi-disant par esprit d'opposition et par affirmation en apparence délibérée, que chez l'arriéré et

le débile, aussi bien chez l'adulte, qui refuse de s'occuper parce que rien ne lui réussit ou sous prétexte qu'il préfère se croiser les bras, que chez l'épileptique ou le psychasthénique, la paresse a des raisons somatiques, qu'on n'a voulu voir que lorsqu'elles crevaient, pour ainsi dire, les yeux, mais qu'il faut maintenant s'obstiner à découvrir et à soigner. Il s'en suit que toute paresse est une paresse par impuissance ; entre ses différentes formes, il n'y a que des différences de degré, sinon dans l'impuissance réelle, du moins dans les causes agissantes. Et quand ces causes sont faibles, que le sujet ne peut les soupçonner, qu'il garde, par suite, un certain sentiment cénesthésique, le discord est tel entre son inactivité et l'activité des autres, qu'il lui cherche des excuses, des explications acceptables, et qu'ainsi sa paresse apparaît à ceux qui l'écoutent et qui le voient, qui ne le jugent ni malade ni débile, volontaire et méprisable.

Si cette pathogénie est exacte, comme je le crois, elle va nous permettre d'élucider certains points, qui demeurent obscurs dans l'histoire de la prétendue paresse par sensualité.

Influence du sexe. — Pourquoi, par exemple, la femme est-elle en général moins paresseuse que l'homme (1), surtout dans la classe moyenne et ouvrière ? Assurément, il y a des petites filles paresseuses, qui musardent perpétuellement et ne savent point s'occuper ; mais, dans ce cas, presque toujours l'impuissance est visible, due soit à l'arriération, soit à la préparation de la nubilité ; chez d'autres, la paresse à l'école ou même à la maison est compensée par des jeux violents, des maraudes,

---

(1) H. MARION (*Psychologie de la femme*, nouv. édit., p. 119) est d'un avis contraire ; il attribue la mollesse de la femme, — son enquête ayant sans doute porté sur une catégorie limitée, — à l'habitude et à l'éducation.

des besognes secrètes et vicieuses. Assurément aussi, il y a des femmes paresseuses, les unes par le préjugé absurde de l'éducation qui les conduit à des habitudes d'oisiveté, les autres, par le fait de tendances particulières aboutissant à la prostitution. Ni chez les unes, ni chez les autres, on ne saurait parler de paresse par sensualité et la question posée ci-dessus demeure.

Je crois qu'on y peut répondre d'abord par une raison biologique. Par suite même des fonctions qui leur sont dévolues, les femelles d'animaux sont plus actives que les mâles, car elles ont à s'occuper de la progéniture. Cette influence s'est maintenue dans les races humaines, renforcée par les prérogatives que l'homme s'attribue, et moins la race et l'individu dans la race sont cultivés, plus est lourde la tâche de la femme. Celle-ci ne devient oisive qu'à titre de luxe sexuel et alors au détriment de son propre caractère et de la collectivité : les harems ont beaucoup contribué à la décadence de la civilisation arabe et de la puissance des Osmanlis, comme l'excessive galanterie à l'affaiblissement de la famille et de la natalité. De ce point de vue, les tendances que manifestent actuellement beaucoup de femmes à se créer, par leur labeur personnel, une situation indépendante seraient à encourager, si elles n'avaient pour origine la crainte des charges maternelles et pour aboutissant la destruction des foyers.

En second lieu, une raison physiologique. Les insuffisances surrénales et hypophysaires sont plus rares chez la femme que chez l'homme (hormis les cas d'infections dites malignes qui semblent également partagés entre les deux sexes, d'après M. E. SERGENT). En outre, il convient de rappeler ici la théorie de M. ROBINSON. Je ne sais encore ce qu'il faut réellement en penser, mais la coïncidence est au moins curieuse. En effet, les grands chocs émotionnels altèrent ou diminuent la sécrétion surrénale. Si, comme le pense M. Robinson, il y a normalement équilibre entre l'endocrinie génitale et l'épinéphrie, la diminution de celle-ci va entraîner, non seulement un certain état de dépression, mais encore une prédominance des poussées sexuelles. D'où tendance de la paresse par hypoépinéphrie chez la femme à aboutir au libertinage et à la prostitution ; d'où aussi cette « vague de paresse » accompagnée de débauches, qu'ont déchaînée, chez tous les peuples combattants, les émotions de la grande guerre. Ces déductions ont certainement besoin d'une vérification plus précise, mais autant qu'on puisse y accorder confiance elles plaident en faveur de la pathogénie exposée ci-dessus.

Influence de la profession. — Pourquoi les ouvriers sont-ils plus paresseux que les paysans ? Descuret signalait déjà ce fait à une époque où l'industrie était loin d'avoir le développement qu'elle présente aujourd'hui. A la campagne, en dehors de l'arriéré et de l'ivrogne, il n'y a guère de paresseux, car le dur labeur des champs, la lutte pour le « bien », éliminent assez rigoureusement le fainéant qui se réfugie dans les villes. Il s'en suit qu'une partie du prolétariat ouvrier se recrute parmi les ruraux auxquels le travail de la terre paraît trop pénible. Évidemment, chez les déracinés, d'autres sentiments se superposent à la paresse et la masquent : désir de bénéficier, pour une moindre peine, d'un salaire plus élevé, attraction des distractions urbaines, etc. Pour quelque raison qu'elle s'exerce au surplus, cette sélection explique qu'il y ait plus de paresseux parmi les ouvriers que parmi les paysans. D'autres circonstances viennent encore la renforcer, l'action politique, socialiste et syndicaliste, qui, sous prétexte de revendications, entraîne l'ouvrier à des habitudes de sabotage et d'oisiveté, l'action légale aussi et notamment la loi de huit heures, car la plus grande partie du temps rendu libre est passée au cabaret où achèvent de se perdre l'habitude de l'effort et la puissance du travail. Quand on compare leur rendement hebdomadaire, on s'aperçoit que celui de l'ouvrier atteint à peine les 2 /3 de celui du paysan, mais on peut se demander si la majorité des ouvriers serait capable d'un travail continu plus intense. Un fait frappant et qui a été bien mis en évidence par M. LAUFER, est la rapidité avec laquelle la fatigue apparaît chez l'ouvrier, même quand sa besogne n'est pas très pénible, et cette fatigue s'exprime notamment par une diminution de la tension vasculaire et une sorte d'état hyposthénique, contre lequel il prétend se défendre par l'alcool. Beaucoup de causes peuvent être à la source de ces phénomènes, mais il me semble qu'ils ne sont pas sans relations avec la paresse plus fréquente des ouvriers et que, dans une certaine mesure, ils l'expliquent.

Influence de la race et du climat. — L'Anglais, l'Allemand, le Français et l'Américain du Nord sont plus laborieux que l'Espagnol, l'Italien, l'Arabe, l'Hindou, le Noir. Est-ce affaire de race ou de climat ? On a maintes fois noté que l'Européen transplanté dans les pays chauds se déprime et a des tendances à la paresse ; toutes les fonctions se ralentissent, sauf la fonction génitale, qui, volontiers, s'exalte. Beaucoup de conditions interviennent dans ce résultat : la température, l'humidité, les habitudes et la facilité de l'existence. Malheureusement l'analyse de cette dépression n'a pas été, que je sache, poussée assez loin pour qu'on y trouve une vérification des relations que M. ROBINSON établit entre l'hypoépinéphrie et l'hypercrinie génitale. Tout ce qu'on peut supposer, c'est que la dépression doit porter aussi bien sur la fonction surrénale que sur les autres fonctions.

Toutefois, il ne faut pas attribuer au climat une influence fatale et exclusive. A cette influence, certains coloniaux robustes échappent et, d'un autre côté, des gens des régions intertropicales transportés dans les pays tempérés n'y montrent pas bien nettement de plus grandes aptitudes à l'effort. Il faudrait donc admettre que l'action climatique, s'exerçant sur de nombreuses générations successives, a créé des dispositions héréditaires et presque un caractère ethnique.

Mais ne poussons pas trop loin cette nouvelle déduction. On observe, dans la race même, des différences analogues entre les familles et les individus. L'Histoire d'ailleurs nous enseigne que les conquérants sont plus énergiques et laborieux que les conquis, les maîtres que les esclaves, les dirigeants que les dirigés, les élites que la masse. Quels que soient les facteurs en jeu, climatiques, ethniques, familiaux, personnels, les êtres subalternes manifestent toujours une certaine déficience somatique et nerveuse, puisqu'ils ont moins de volonté et de puissance de réalisation. Cette déficience, toute relative en moyenne, devient, quand elle s'accuse par le mécanisme d'hypocrinies particulières, la paresse. Voilà, à mon avis, le point essentiel. Il n'y a qu'une paresse avec des degrés et des aspects variés. De la musardise à l'impuissance totale, elle ne change pas de nature; mais, en s'aggravant, elle transforme une simple infériorité dans la qualité du rendement en une inaccommodation complète aux exigences primordiales de la vie collective.

**
*

Suites de la paresse. — Le paresseux est, au fond, content de son sort parce qu'il jouit plus de son *farniente* qu'il ne souffre des privations qui en résultent ; il ne se sent point non plus malade : s'il éprouve quelque malaise, il va facilement à l'hôpital où il se trouve fort bien, l'hôpital étant, dans les sociétés qui s'obstinent à encourager la sélection à rebours, un excellent milieu de culture pour la paresse. D'ailleurs asthénique et peu émotif, il supporte avec une belle indifférence le mépris, les railleries et les injures, et éprouve même une satisfaction goguenarde à comparer l'agitation des autres à sa sage immobilité.

Ce tableau enchanteur a pourtant des ombres, car : 1° le paresseux riche est facilement gourmand et le paresseux pauvre ivrogne, et ils s'exposent d'autant mieux aux accidents de la surnutrition et de l'alcoolisme qu'ils ne travaillent pas ; 2° par sa malpropreté corporelle et la saleté du milieu dans lequel il vit souvent, il se trouve exposé aux contagions ; la vermine l'envahit, par exemple, et ses lésions de grattage s'infectent ; les maladies vénériennes, la syphilis surtout, sont chez lui parfois très graves, parce que, s'il n'entre pas à l'hôpital, il ne prend point la peine de se soigner : il est à noter, au surplus, que beaucoup de paresseux meurent de tuberculose, ce qui est en rapport avec son genre de vie et l'abaissement ordinaire de sa tension vasculaire ; enfin les troubles organiques qui sont à l'origine de sa paresse peuvent s'aggraver, faute d'un traitement convenable, et entraîner des accidents graves et même mortels, comme on l'a vu pour l'apache dont l'observation a été rapportée plus haut.

Ces dangers ne sont pas les seuls. Bien qu'il supporte aisément certaines privations, le paresseux a tout de même besoin de manger, de se loger et d'avoir des relations sexuelles. Quand il est riche, il ne fait guère de tort qu'à lui-même ; quand il est pauvre, il fait au surplus tort aux autres. Il commence par vivre aux dépens de sa famille et de ses amis, puis de la charité privée et publique, car les bureaux de bienfaisance semblent avoir été créés spécialement pour lui. C'est qu'il est geignard et tenace et ne se rebute d'aucune démarche, alors que l'homme laborieux sans place est timide, honteux et vite déconcerté. Malgré toutes les facilités qui lui sont offertes, le paresseux finit, un jour ou l'autre, par les épuiser, mais souvent la femme n'a pas attendu ce moment pour se prostituer, ni l'homme pour devenir vagabond, voleur ou même meurtrier. Alors, le dommage causé à la collectivité étant patent, la répression légale entre en scène.

Ses retentissements sociaux. — M. PAUCHET l'a dit justement, la paresse est un délit social. Tout individu a, vis-à-vis de la société dans laquelle il vit, des devoirs à remplir, et l'un de ces devoirs est de travailler au bien commun. Or, le paresseux, non seulement n'y travaille pas, mais encore il lui nuit par les libéralités injustifiées qu'il se fait attribuer, par le vol et les autres dommages qu'il peut causer. D'après M. L. MARCH, 2.700.000 personnes bénificiaient, en 1906, à un titre quelconque, des œuvres charitables, dont le budget s'élevait à 316 millions de francs. Depuis 15 ans, ces chiffres se sont, bien entendu, sensiblement accrus, sans qu'on puisse dire exactement la part qu'en dérobent les paresseux (1). Mais, à ces sommes énormes

____

(1) Le système des allocations, juste en principe, a pratiquement déve-

dépensées par les particuliers et l'État, il faut en ajouter d'autres. Suivant M. L. VALLON (1) près de la moitié des criminels et les 2/3 au moins des délinquants sont trouvés sans métier avouable, même quand il ne s'agit pas de récidivistes, ce qui, pour la plupart d'entre eux, laisse soupçonner la paresse, d'autant qu'un très grand nombre, 78 p. 100, sont des tarés hériditaires. Si l'on remarque maintenant que, en 1912, le nombre des délinquants et criminels a dépassé 650.000, soit 15 p. 1.000 de la population totale, on se rendra compte de ce que coûte, à la richesse publique et par conséquent aux travailleurs honnêtes, la répression des fautes que la paresse fait commettre. Ainsi se justifient pleinement le qualificatif de délit social appliqué à la paresse, la malédiction dont la morale et la religion la frappent et les rigueurs que parfois les codes lui réservent.

Il convient de noter que le tort porté à la collectivité est indépendant de la responsabilité des paresseux. Responsables (au sens psychologique et légal) ou non, le dommage qu'ils causent est le même, et ce dommage apparaît toujours considérable (2). La question de la responsabilité est trop complexe pour que je puisse l'aborder. Il suffit d'avoir établi que, par la gravité de ses retentissements sociaux, la paresse est une des dé-

loppé la paresse chez les femmes dans les villes. J'en ai eu sous les yeux de nombreux exemples.

(1) *Acad. de médecine*, 5 oct. 1909.

(2) Ce dommage est à peu près impossible à déterminer exactement. On en aura toutefois quelque idée en se rappelant que sur les 10 francs que dépense journellement un ouvrier, 2 sont récupérés par l'État, sous forme de droits de circulation et de consommation, impôts divers, etc., et 3 par les particuliers (producteurs et intermédiaires) sous forme de bénéfices. Un paresseux, qui ne fait rien ne peut vivre qu'au détriment de la part de l'État et du bénéfice des particuliers ; il diminue donc la richesse totale à peu près de ce qu'un travailleur moyen l'augmente, et s'il est par surcroît un délinquant la perte est au moins doublée.

viations instinctives qui réclament le plus d'attention et de soins.

***

Traitement de la paresse. — Jusqu'ici, c'est surtout la paresse de l'enfant que l'on s'est appliqué à soigner. Celle de l'adulte a été, pour ainsi dire, laissée de côté, quand elle ne figurait pas parmi les symptômes des névroses et des psychoses. Considérée comme l'effet d'une mauvaise volonté, la paresse de l'enfant a été longtemps combattue presque exclusivement par des réprimandes et des punitions. J'ai protesté jadis, dans mon travail déjà cité sur la paresse, contre ce mode de traitement, en montrant que les petits paresseux sont des malades sur lesquels de tels moyens ne peuvent être qu'inefficaces. Mais, ainsi qu'il fallait s'y attendre, après avoir abusé des corrections, on les a totalement supprimées, sans d'ailleurs les remplacer par la thérapeutique appropriée. Déjà, dans son instruction du 15 juillet 1890, M. L. Bourgeois, ministre de l'Instruction publique, recommandait une discipline très libérale, ou, en d'autres termes, la politique du « laisser aller ». Du moment que le médecin n'intervenait pas encore, aucun avantage ne pouvait résulter de ce changement, et, en effet, de l'aveu de tous les maîtres, les paresseux se sont multipliés. Je suis cependant fermement convaincu, par l'expérience, que quelquefois, dans la paresse légère, dans ce que nous avons appelé le péché de paresse, une bonne correction manuelle (il n'est pas question, bien entendu, de pensums, d'arrêts, de retenues, qui sont absurdes) peut avoir des effets utiles, par l'émotion, la crainte qu'elle provoque, le réveil de l'effort, la révulsion physique et morale qu'elle produit. Il n'est plus dans nos mœurs de laisser le pédagogue administrer la correction ; ce soin revient à la famille, mais alors on peut craindre à bon droit que l'impatience ou la colère ne lui enlève sa valeur éducative. A présent que le médecin scolaire exerce sur les enfants une surveillance réelle, la thérapeutique de la paresse apparaît en bien meilleure posture. Tout élève apathique, lent, nerveux, lui étant dès le début signalé, le médecin peut l'étudier, l'examiner, rechercher et découvrir les tares et les troubles qui sont à l'origine de son insuffisance et en indiquer le traitement. Ces renseignements sont consignés sur la fiche scolaire qui suit l'élève et le maintient, le cas échéant, en surveillance. C'est un grand point pour la prophylaxie et la guérison de la paresse, mais cette organisation ne donnera de bons résultats que lorsque médecins, maîtres et parents, dans une compréhension parfaite, associeront leurs efforts.

En réalité, la principale difficulté est de dépister, surtout dans la paresse par sensualité, les troubles somatiques en cause ; c'est précisément parce que, autrefois, on ne les recherchait pas, qu'on ne les soupçonnait pas, que le péché de paresse semblait à peu près inguérissable. Ce dépistage accompli, le traitement s'institue, en quelque sorte, de lui-même, correction d'une vision ou d'une audition défectueuse, régime chez les dyspeptiques, les hépatiques, purgation et jeûne chez les intoxiqués, opothérapie chez les insuffisants endocriniens, repos, cure d'air dans certains cas, hydrothérapie, exercices physiques dans d'autres, etc. Je n'insiste pas sur le détail, qui nous entraînerait beaucoup trop loin, et dont le médecin demeure seul juge suivant la nature des troubles constatés. Il est impossible de ne pas rappeler que M. M. NATIER a guéri un grand

nombre de petits paresseux par le dépistage des troubles
ou des insuffisances acoustiques et respiratoires, dont la
rééducation respiratoire, qu'il a été le premier à mettre
en valeur, et la lutte contre la fatigue ont amené rapidement la disparition, en même temps que l'apathie faisait place à une activité progressivement grandissante.
Cependant il faut prendre garde : 1° que les insuffisances
endocriniennes peuvent dépendre de plusieurs glandes
différentes; que, par suite, les symptômes s'associent ou se
contrarient et demandent à être analysés de près et que
la polyopothérapie est souvent indispensable; 2° que la
paresse se complique aisément d'autres défauts, gourmandise, dissimulation, mensonge, habitudes vicieuses
(masturbation chez les enfants) qu'on doit rechercher et
soigner pour leur compte, car ils peuvent être la conséquence de la paresse mais aussi sa cause; 3° que le fait
d'appliquer la thérapeutique convenable n'entraîne pas
toujours la guérison, attendu qu'il y a des troubles très
profonds, arriération, myxœdème, névropathies graves,
qui résistent à toutes les médications somatiques et psychologiques; 4° enfin que la psychothérapie n'est avan-
tageuse que si l'amélioration obtenue à l'aide du traitement médical lui fournit une base solide. Il serait, en
effet, illusoire de s'imaginer qu'un collégien qui n'entend
pas ce que dit le professeur ou qui étouffe, qu'un homme
qui a une tension vasculaire basse et est incapable d'aucun
effort puissent utilement tirer parti des encouragements
qu'on leur prodigue.

L'action morale. — Je passe ici sous silence la suggestion hypnotique, l'isolement dans une maison de
cure et autres procédés, qui ne sont applicables, d'une
part qu'aux paresseux hystériques, de l'autre qu'aux
paresseux par intoxication (alcooliques, toxicomanes)
ou psychasthénie, et j'en arrive tout de suite aux moyens

plus doux préconisés contre le simple péché de paresse.
M. P.-E. Lévy met notamment en œuvre la confiance
et la sympathie et voici comment : « J'incite, dit-il (1),
le jeune sujet — il n'y a souvent pas d'autre moyen
d'action — à se mettre au travail « pour me faire plaisir », pour faire plaisir à ses parents, puisqu'il doit
avoir confiance en moi, comme en eux, que nous avons
plus d'expérience que lui de la vie et de toutes choses... »
Après les sentiments, l'amour filial, l'amour-propre,
c'est la raison qu'on sollicite par son côté pratique :
possibilité de revers de fortune, nécessité de gagner sa
vie, misère des paresseux ; enfin, plus tard, signification du travail, conscience du devoir, etc. De cette
méthode de rééducation, l'auteur déclare avoir tiré
des résultats très encourageants.

Je n'en disconviens pas. Il faut d'ailleurs noter que
M. P.-E. Lévy renforce son action morale d'un traitement médicamenteux par les toniques et les antidéper-
diteurs et je crois que l'amélioration obtenue dépend,
dans une grande mesure, de l'association de ces deux
médications. En tout cas, l'expérience m'a appris que
le paresseux, très peu émotif, est à peu près complètement insensible à l'amitié, à la sympathie, à la confiance qu'on lui témoigne. Pour avoir la paix, il affecte
de bons sentiments, mais ce n'est là qu'une attitude
et les progrès sont à peu près nuls quand on s'en tient
uniquement à cet essai de rééducation. Il faut en venir,
tôt ou tard, au traitement somatique, souvent à l'opothérapie, et, dès lors, n'est-il pas plus pratique de l'utiliser d'emblée ?

Un mot pourtant de la cure de repos, suivant la
méthode de W. Mitchel et de A. Deschamps. On doit

(1) *L'Avenir médical*, janv. 1921.

remarquer, en effet, que chez l'impuissant, la paresse répond à une espèce de procédé de défense : le sujet s'immobilise parce qu'il n'a pas la capacité d'agir. Il semble donc indiqué de lui recommander le repos pour économiser ses disponibilités. Mais veillons à ne pas aller trop loin, attendu que le repos ne suffit pas, à lui seul, pour restaurer les insuffisances ; trop complet et trop prolongé, il entretient la paresse, et même la crée ou l'aggrave. Au début seulement et pendant quelques jours, il peut être utile, mais bien vite il convient de revenir à une activité progressive et réglée d'après les résultats du traitement somatique. La réapparition du besoin d'effort et de réalisation s'opère à partir de ce moment et s'atteste par la possibilité d'un entraînement dont le paresseux demeurait auparavant incapable. Il y faut aussi la patience, la douceur et la fermeté du médecin, et son action morale s'exercera surtout pour « meubler » l'existence, employer réguliè-rement le temps, tout en variant les occupations car l'ennui est facteur de la paresse. Le but essentiel de la thérapeutique, comme le remarquait FOUILLÉE (1), doit être double en effet : d'abord rendre au paresseux la capacité physique de l'activité et du travail, et, en second lieu, lui restituer l'habitude et partant le besoin d'utiliser cette capacité.

(1) *Tempérament et caractère*, p. 170.

CHAPITRE IV

LA LUXURE

L'instinct de conservation de l'espèce et ses déviations.
— La luxure est la plus répandue des passions, car elle
représente la manifestation exagérée de l'instinct de
conservation de l'espèce, qui est lui-même la source,
ainsi que le rappelait Maudsley, de la famille et des
tendances sociales. La première question que nous
ayons à examiner est donc celle de savoir où commencent les déviations de cet instinct et en 'quoi elles
consistent.

Elles revêtent en effet des formes très diverses. La
plus connue ou, en tout cas, la plus célèbre est l'amour
tel qu'on l'entend d'ordinaire. Si, à l'extrême, l'amour
répond à une systématisation exclusive et consciente
de l'instinct sexuel sur un individu déterminé de l'autre
sexe (1) et représente une désadaptation poussant à la
folie, au suicide et au crime, il n'en constitue pas moins
un des grands moteurs permanents de l'existence, la
cause des joies excessives et des plus cruels tourments,
l'inspirateur des actions et les plus belles et les plus
atroces. Propulseur, dans son expression la plus haute,

(1) Danville, *la Psychologie de l'amour*, 7ᵉ édit., p. 179.

de dévouements et de sacrifices, créateur de foyers, un tel amour, malgré les excès passionnels auxquels il peut conduire, est un facteur de durée et de force expansive des sociétés et, par conséquent, ne saurait prendre place dans la suite de ces études.

N'y sauraient prendre place non plus, mais pour d'autres raisons, l'inversion sexuelle (1) et certaines perversions, bestialité, vampirisme. Il s'agit là de troubles qui font de leurs victimes de véritables malades. A la vérité, F. Raymond et P. Janet voient dans l'homosexualité une forme de l'idée obsédante à point. de départ génital et expliquent les modifications corporelles, efféminisation ou virilisation, par les habitudes des invertis qui, se croyant femmes (ou hommes), s'efforcent de leur ressembler. Mais il est difficile d'adopter sans réserves cette opinion maintenant qu'on connaît l'action des sécrétions endocrines sur les caractères sexuels : l'hirsutisme de la virago n'est pas plus le fait de l'habitude que le défaut de pilosité ou le développement des hanches et des seins chez l'inverti passif. En outre, comment admettre, avec Westphal et Hirchsfeld, que, chez un individu, le sexe somatique ou glandulaire puisse être différent du sexe mental ? Ce n'est là qu'une hypothèse pour expliquer des apparences dont l'éducation rend parfois mieux compte. Avec plus de vraisemblance, Krafft-Ebing et Moll croient l'inversion congénitale ; ses manifestations sont en effet précoces et sa guérison s'avère très difficile. Pourtant le rôle du milieu et de l'éducation se montrent si souvent efficace que cette origine reste problématique, et on est

(1) On tend actuellement à faire une distinction entre l'homosexualité où les deux individus sont de même sexe et l'inversion qui impliquerait des dispositions spéciales. Je ne vois pas du tout la nécessité de cette distinction, car les « dispositions spéciales » s'observent dans les deux cas.

porté à admettre que la prédisposition n'affecte pas nécessairement la sphère génitale mais est seulement dirigée de ce côté par les circonstances. Il ne faut pas oublier, en effet, le rôle de l'habitude, dans ce que Pawloff appelait, en matière de physiologie digestive, les *réflexes conditionnels*. Ainsi que l'a rappelé M. Laignel-Lavastine, l'excitation génitale, surtout au moment de la nubilité et parfois plus tôt encore, peut s'organiser autour de sensations et d'impressions qui n'ont pas, en apparence, des rapports immédiats avec la sexualité. Freud a beaucoup parlé de ce transfert, sans insister sur son mécanisme, qu'on retrouve pourtant à l'origine de maintes perversions. Quant à la bestialité et au vampirisme ou nécrophilie, ce sont en général des épisodes au cours de troubles mentaux, quoiqu'on puisse également les observer chez les débiles exaspérés par la privation des rapports sexuels. La masturbation habituelle de l'adulte, surtout rateur. diverses perversions, le fétichisme, le masochisme, qui peut conduire à l'inversion, le sadisme, qu'on a vu aboutir à la folie meurtrière, constituent aussi des accidents presque ordinaires dans les psychonévroses. Au même titre que l'homosexualité, la bestialité et la nécrophilie, ils représentent, quand ils se suffisent à eux-mêmes et enlèvent toute possibilité aux relations normales, des déviations instinctives, des désadaptations totales, qui, par leur gravité même, sortent du domaine de la luxure.

Définition de la luxure. — Qu'est-ce donc que la luxure ? Pour répondre à cette question, il faut se placer au point de vue social. L'instinct de la reproduction suscite des besoins presque aussi impérieux que ceux de la conservation individuelle : des animaux luttent jusqu'à la mort pour la possession des femelles.

Dès l'origine, les sociétés ont dû se préoccuper de la satisfaction de cet instinct, tout en le réglementant de manière à assurer sa fin réelle qui est l'enfant. De là l'institution du mariage. Même dans le matriarcat et la polyandrie, certaines cérémonies président aux unions sexuelles et en établissent la signification, car les collectivités, sauf de rares exceptions (Aréoïs polynésiens, par exemple), attachent une grande importance à la multiplication de la progéniture. Aussi le père de famille est-il estimé dans la mesure des enfants qu'il a eus et l'absence de rejetons est, en beaucoup d'endroits, une cause de rupture ou de divorce ; les relations hors mariage, les violences, l'adultère, parce qu'ils portent atteinte à la pureté de la race, à la sécurité des familles, au droit de propriété, ont été très sévèrement punis, et voilà que maintenant on se préoccupe de la santé des conjoints, en vue de garantir la fécondité des unions et la robustesse des enfants. Ainsi et par une expérience plusieurs fois millénaire, la société a prétendu établir des lois et des coutumes pour tirer des rapports sexuels le maximum de profit. Économiquement, politiquement, socialement, la famille, fondée sur le mariage, est sa cellule d'agrégation et elle a intérêt, pour accroître sa propre puissance, à ce que cette famille soit nombreuse. Tout ce qui, dans les rapports sexuels, nuit à la fondation et à la solidité de la famille (adultère, prostitution, abandon), tout ce qui nuit à la fécondité du mariage (abus, restrictions), lui nuit à elle-même, d'une part en augmentant ses charges, de l'autre en diminuant le nombre des naissances et, par suite, celui des participants de la collectivité, et tout ce qui lui est nuisible dans la satisfaction de l'instinct sexuel, sauf les cas de maladie indiqués ci-dessus, appartient à la luxure. Et c'est ainsi, à très peu près, que la comprenait DESCURET.

« On doit entendre par luxure, disait-il (1), non seulement les excès nuisibles à la santé, mais encore tout rapport sexuel en dehors du mariage ou qui, dans cet état, tendrait à éviter la propagation de l'espèce. »

Cette définition étonnera bien des gens par sa sévérité. Cependant ne se lamente-t-on pas sur la décroissance de notre natalité, sur le développement des procédés malthusiens et des avortements criminels, sur les ravages de la prostitution et des maladies vénériennes? A la source de ces fléaux, n'y a-t-il pas toujours le même instinct sexuel exalté par le défaut de contrainte et qui, ramené à sa forme élémentaire et voulant exercer ses droits sans assumer ses devoirs, atteste le caractère de nuisance et de désadaptation propre au péché? Et puis il faut être un peu conséquent avec soi-même. Si vous riez aux fredaines de jeunesse, aux coups de canif dans le contrat, aux précautions conjugales et aux manœuvres clandestines, pourquoi vous plaindre que votre fille ait mal tourné et que votre fils soit syphilitique, que votre femme vous trompe ou se détraque et que, le pays se dépeuplant, vos charges soient si lourdes ? A tous ces malheurs, il y a une cause dont on ne doit pas craindre de dénoncer les aspects et les dangers : c'est la luxure.

Types de luxurieux. — Il est évident que, ainsi comprise, la luxure se distingue de l'amour autant que des perversions sexuelles. Je ne m'attarderai pas à en faire la psychologie détaillée et me contenterai de noter quelques-uns des traits essentiels des luxurieux.

L'égoïsme du libertin est plus frappant que celui de l'amoureux, car il recherche visiblement d'abord son propre plaisir sans s'inquiéter des conséquences qu'il

(1) *Op. cit.*, p. 478.

peut avoir pour son partenaire, et, s'il sollicite la jouissance de celui-ci, ce n'est que pour augmenter la sienne propre ou par un étrange sentiment de vanité. Mais cet égoïsme est conditionné par la force et la brusquerie du désir, qui demande à être immédiatement satisfait : le luxurieux n'est pas l'homme (ou la femme) des longues courtisations et des galanteries à n'en plus finir ; généralement, par n'importe quel moyen du reste, il va vite et droit au but. Il en résulte que le choix est inconstant et multiple ; l'amoureux aime une femme à l'exclusion des autres, le luxurieux aime la femme et même une union, légitime ou non, ne saurait l'empêcher de papillonner de droite et de gauche. Chez lui, l'élément cérébral joue un rôle moins important que dans la passion amoureuse ; ses amours sont, comme on dit, des « amours de peau » bien plus que des « amours de tête » et on n'y trouve point nécessairement ces ruminations mentales qui accompagnent l'inversion et diverses perversions, fétichisme, masochisme, sadisme.

Mais si l'impulsion peut surgir à tout instant et en tout lieu, cependant telle ou telle circonstance paraît, suivant les individus, en favoriser l'éveil, ce qui permet d'établir un certain classement. On peut distinguer de la sorte des libertins plus particulièrement excités par la vue, le toucher ou l'odorat, des voyeurs, des peloteurs, des renifleurs. Ces derniers sont d'ordinaire les plus pressés, les plus hardis, et, par la soudaineté et la violence de leur désir, ils se rapprochent de l'animal ; les seconds, attirés par les rondeurs du corps, se complaisent davantage aux bagatelles de la porte et leurs mains ne sont jamais inactives : les frôleurs n'en représentent qu'une variété observée surtout chez les névropathes et déjà plus grave, car elle peut se compliquer de masturbation, de ruminations et d'onanisme cérébral. Quant aux voyeurs (et ce mot doit être pris dans un sens étymologique et non dans son acception vulgaire), ils sont de préférence séduits par la beauté du visage, l'éclat des yeux et du teint, l'opulence de la chevelure, mais la finesse des mains et des pieds, les proportions de la stature, la grâce de la démarche, l'élégance de la mise ne les laissent pas non plus indifférents. Plus cérébraux que les précédents, ils constituent l'aristocratie des luxurieux : leurs émotions sexuelles sont moins brutales et plus durables et ils gardent mieux la mémoire d'un visage que celle d'un contact ou d'un parfum. Aussi leur courtisation est-elle plus insinuante et plus souvent suivie de succès. Néanmoins quelques voyeurs névropathes finissent par dévier et tombent soit dans le pygmalionnisme, soit dans l'exhibitionnisme. Il va sans dire que ces différents types ne s'excluent pas et qu'un luxurieux peut être, à des degrés divers, renifleur, peloteur et voyeur. C'est probablement parce que la littérature lui a généreusement départi ces trois dispositions que Don Juan est devenu le type classique du libertin.

Ces dispositions, dont nous aurons à rechercher les causes, semblent d'une certaine manière orienter le choix.

Le choix, on l'a vu, est instable chez les luxurieux, qui passent avec la plus grande aisance d'un partenaire à un autre. Néanmoins, c'est toujours à peu près dans la même catégorie de personnes que ce choix se déplace. Telle femme préfère les hommes grands ou bruns, tel homme les femmes petites ou blondes. Le peloteur s'acharne après les femmes dodues, le renifleur après les rousses et « Trublot » après les cuisinières ; bien des femmes s'excitent sur les militaires, bien des hommes sur les cabotines, etc. Naturellement ce choix ne demeure pas absolument rigide et peut être modifié par les circonstances, l'attrait de la nouveauté, l'occasion, l'illusion de l'innocence (chez les vieillards notamment) ou même des considérations étrangères, subordination de la personne (employées, domestiques), commodité, économie. Tout cela prouve qu'il n'y a pas dans la luxure de systématisation exclusive, mais une impulsion brusque et facile à un acte qui cherche à s'accomplir le plus souvent possible et au prix du moindre effort.

Les déviations de l'acte, le vice conjugal. — Quel que soit le type du luxurieux, l'aboutissant de l'acte vers lequel il tend est toujours le même, l'orgasme, car c'est l'orgasme qui constitue pour lui la jouissance suprême. Mais pour y arriver les procédés accessoires ne sont pas nécessairement les mêmes ; nous nous trouvons donc ici en présence de toutes les variétés de la débauche sexuelle qu'il n'est point indispensable d'énumérer. Cependant l'attention doit être appelée sur les déviations de l'acte, c'est-à-dire les manœuvres par lesquelles l'orgasme, ne s'accomplissant pas dans la voie normale et par les moyens naturels, cesse de pouvoir répondre au but téléologique de l'instinct sexuel, la fécondation. Par conséquent l'acte est dévié toutes les fois que la fécondation est rendue impossible, et on comprend qu'ainsi détourné de sa fin il aggrave singulièrement le caractère désadaptatif de la luxure.

Il est évident, par exemple, que la masturbation réciproque, manuelle ou autre, si elle ne fait que faciliter la tumescence, suivant l'expression d'HAVELOCK ELLIS, et la terminaison normale du rapport sexuel, ne représente plus une déviation au même titre, puisque la fécondation reste possible. Au contraire, si elle se suffit à elle-même, sans coït, elle devient tout aussi blâmable et funeste que la masturbation solitaire. L'onanisme,

au sens biblique, est plus compliqué, car le coït peut avoir
lieu en apparence naturellement, mais il est interrompu
de telle sorte que l'éjaculation se fait au dehors, ou bien
rendu inopérant par l'emploi des préservatifs et autres
procédés anticonceptionnels. C'est à ces manœuvres,
de plus en plus répandues dans les familles, que M. G.
Surbled donne le nom mérité de *vice conjugal*. Elles
sont souvent épuisantes pour la femme quand elle reste
en « suspens », elles sont dangereuses surtout, car ni les
instruments ni les drogues employés ne manquent à la
longue de nocuité, et les gynécologues et les psychiatres
sont appelés bien souvent à en déplorer les résultats.
Patente ici se montre la déviation, non pas toujours de
l'acte lui-même, mais des circonstances qui l'entourent
et qui cherchent à s'opposer et s'opposent en fait souvent à sa destination réelle. C'est donc dans le vice
conjugal que s'affirme particulièrement le caractère
foncièrement antisocial de la luxure.

Ce qui a été dit de la masturbation solitaire s'applique
à la sodomie, puisque, là aussi, il n'y a pas possibilité
de fécondation. En ce qui concerne le fétichisme, le
masochisme et le sadisme, il faut faire une distinction.
On peut en effet les observer, au moins à l'état d'ébauche,
dans les rapports les plus normaux : l'homme pressé
a des tendances sadiques comme la femme qui aime
qu'on la violente et lui fasse mal des tendances maso-
chistes. Inversement l'homme timide et qu'on doit
forcer prend une allure masochiste, comme prend une
allure sadique la femme provocante et qui s'impose.
Faut-il voir dans cette allure le germe d'une inversion,
ainsi que le croit Krafft-Ebing ? C'est possible mais
rare. En tout cas, quand ces perversions se bornent à
exciter la tumescence et n'empêchent pas l'accomplissement normal de l'acte final, on ne saurait les regarder

comme socialement coupables; mais s'il suffit au fétichiste de palper et de renifler son fétiche, au masochiste d'être humilié ou frappé, au sadique d'exercer ses brutalités pour se satisfaire entièrement, la déviation de l'acte est manifeste et la désadaptation certaine, et on ne peut manquer d'y voir le signe d'un trouble physiologique et mental plus profond que celui qu'accuse communément la luxure.

****

Mécanisme de l'excitation sexuelle. — L'instinct sexuel a des exigences très impérieuses, mais intermittentes, qui paraissent répondre chez la femelle à la maturation et à la ponte de l'œuf, chez le mâle à une certaine réplétion des réservoirs génitaux. C'est ce qu'exprimaient déjà MONTAIGNE : « Je treuve après tout que Vénus n'est autre chose que plaisir à décharger ses vases (1) », et plus récemment FÉRÉ : « L'appétit sexuel est avant tout un besoin général de l'organisme basé sur un certain besoin d'évacuation (2) ». Mais cette interprétation est incomplète : elle n'explique pas l'attirance fondamentale des sexes l'un vers l'autre. La théorie de BALBIANI et de DELBEUF, qui admet que la chimiotaxie positive du gamète mâle pour le gamète femelle s'étend à l'individu porteur, est sans conteste fort exagérée, et celle de MOLL et de HAVELOCK ELLIS, qui suppose que le processus de détumescence ou d'évacuation n'atteint son but qu'avec un individu du sexe opposé, est contredite par les faits et d'ailleurs laisse dans l'ombre la cause initiale. Peut-être la théorie de la

(1) *Essais*, liv. III, chap. v.
(2) *L'Instinct sexuel*, 1899, p. 6.

polarité, proposée par F. Le Dantec et reprise dernièrement par G. Bohn et Anna Drzewina serait-elle
acceptable si elle était plus claire et si l'on démontrait
que le soma tout entier est influencé par la polarité du
gamète. D'ailleurs la découverte du rôle de l'hétéro-
chromosome dans les phénomènes de sexualité oriente
maintenant les recherches dans une voie différente.
Somme toute, nous ne savons pas encore pourquoi
les sexes s'attirent et s'excitent réciproquement : nous
le constatons et c'est de cette constatation qu'il faut
partir.

Les physiologistes sont disposés à croire que l'excitation, la tumescence et l'orgasme peuvent avoir des
points de départ différents. Budge a découvert, à la
partie inférieure de la moelle, un centre dont l'excitation détermine la congestion des organes génitaux,
l'érection et l'éjaculation, et c'est l'irritation réflexe de
ce centre par les oxyures, les hémorroïdes, le prurit, etc.,
qui produit la tumescence dont ils s'accompagnent
parfois. A ce centre spinal, il faudrait joindre un centre
cérébral postérieur et un centre cérébral antérieur, ce
dernier étant le siège de la perception sexuelle proprement dite et de la reviviscence des images ; il est
d'ailleurs mal localisé, peut-être voisin du centre
olfactif d'après Krafft-Ebing, et du centre tactile
d'après Moll. On comprend qu'une idée, un souvenir
et une lecture, une vision, un attouchement, une
odeur, etc., soient capables d'exciter, par propagation,
le centre médullo-sacré, qui commande les nerfs vaso-
dilatateurs des vaisseaux correspondants et la contraction des muscles d'où résulte la tumescence chez l'homme.
Ce mécanisme est à peu près le même chez la femme.
Il affecte simultanément des organes érectiles éloignés,
tels les seins, et entraîne un état de turgescence intense

et de tension générale, souligné par l'augmentation de la pression vasculaire, d'où l'agitation et une dépense de force plus ou moins grande, qui aboutit à la détente spasmodique de l'orgasme, suivie enfin d'une impression de soulagement et de dépression (1). Ce sont donc là des actes complexes et assez épuisants pour ne pouvoir être montés que périodiquement.

La série de ces actes peut être déclanchée par une simple excitation mécanique et réflexe du centre médullaire, car les expériences de Goltz ont prouvé que la tumescence se produit, chez les animaux, malgré l'ablation des hémisphères cérébraux et du cervelet, mais elle peut l'être aussi par une simple impression psychique, tout de même qu'une impression psychique forte, une émotion, la crainte, la peur, peut au contraire empêcher la tumescence ou l'interrompre. Étant donné le mécanisme de cette tumescence, il est évident que l'excitation, qu'elle vienne de l'appareil génital lui-même ou des organes synergiques, sans passer par le cerveau, ou qu'elle soit issue du cerveau, aboutit nécessairement au centre spinal et à ses connexions sympathiques sacrées, par l'intermédiaire desquelles elle agit sur les vaisseaux et les muscles intéressés. Réciproquement du reste, l'irritation de ce centre peut se communiquer au cerveau et y déterminer des réminiscences, des images et des idées. Mais, d'un autre côté, il est des cas où ces opérations mentales demeurent

(1) *Post coïtum animal triste.* Néanmoins on ne saurait oublier que l'instinct sexuel est sthénique et que, dans certains cas, sa satisfaction augmente l'activité générale et la « tension psychologique », même chez quelques névropathes, ainsi que l'a bien remarqué M. Pierre Janet (*op. cit.*, III, pp. 168-171). L'épuisement est l'effet de l'abus dont la limite varie avec les individus et les circonstances. Il y a ainsi beaucoup de questions connexes que je suis obligé de passer sous silence mais qui me paraissent suffisamment connues des médecins pour que je n'aie pas à les développer.

incapables d'amener la tumescence, comme on l'observe chez les émotifs (impuissance psychique), et s'exécutent ainsi à vide. Il ne s'agit plus alors de luxurieux proprementdits, mais de névropathes et de psychasthéniques, chez lesquels la tension psychologique, comme dit M. P. Janet (1), est très basse. Par conséquent, pour que l'excitation sexuelle se produise avec le cortège complet de ses manifestations physiologiques, il faut que soient réalisées certaines conditions qui maintiennent intacts ou même accusent les rapports entre le centre spinal et d'une part le sympathique sacré, de l'autre les centres cérébraux. Tout le problème consiste maintenant à découvrir et à préciser ces conditions.

Rôle des sécrétions endocrines. — A ce sujet, des recherches récentes ont apporté d'utiles indications. D'après MM. Bouin et Ancel, l'appétit sexuel est lié, chez l'homme, à la sécrétion de la glande interstitielle ou diastématique ; si cette sécrétion est abolie, en raison d'une altération congénitale ou acquise, l'appétit est supprimé ; si elle est abondante par suite d'une suractivité et d'une hypertrophie des glandes, il est au contraire augmenté. Et il s'agit bien là d'une action spécialement endocrinienne, puisque l'impulsion sexuelle reste intacte chez les cryptorchides azoospermiques. Toutefois il faut noter que cet effet est permanent depuis la nubilité jusqu'à un âge avancé, l'atrophie et la sclérose diastématiques ne se produisant que fort tardivement (Dieu); par conséquent, les poussées d'excitation sexuelle dépendent de l'abondance de la sécrétion et de la réplétion conséquente des vésicules séminales qui, lorsqu'elle est suffisante, va exciter le centre spinal.

(1) *Op. cit.*, III, p. 220. Certaines femmes feraient ainsi appel à la luxure pour se remonter. En réalité, il s'agit souvent d'un appétit sexuel excessif, dont la satisfaction calme les inquiétudes et les agitations.

Ainsi, ce sont les sécrétions endocrines qui créent et entretiennent cette disposition générale appelée instinct ou appétit sexuel, mais c'est, au moins dans une certaine mesure, la réplétion des réservoirs génitaux qui provoque le besoin d'évacuation et la crise. Quand ces réservoirs sont vidés, l'instinct sexuel persiste, mais il ne peut pas aboutir et, pour que la crise complète puisse se reproduire, il faut attendre un certain temps. Il s'ensuit que des glandes actives et des sécrétions abondantes augmenteront l'acuité de l'instinct et la fréquence du besoin des rapports sexuels. Or, ce qui se passe pour tous les organes se passe également pour les glandes génitales, c'est-à-dire que le fonctionnement les développe, de telle sorte que le luxurieux est pris dans un cercle vicieux et que, plus il s'abandonne à sa passion, plus il éprouve souvent le besoin de la satisfaire, jusqu'à ce que l'abus, entraînant le surmenage et la dégénérescence, lui en enlève les moyens. Il y a plus. L'appareil psycho-sexuel, composé, ainsi qu'on l'a vu, d'éléments cérébraux, médullaires et sympathiques, est dissociable et, par suite, sa partie inférieure, spino-sympathique, peut fonctionner indépendamment de sa partie supérieure et *vice versa*. Celle-ci n'intervient que faiblement au début, mais peu à peu elle réalise des associations de neurones, prend des habitudes, de telle manière que si la sécrétion diastématique continue à être déversée dans le sang mais que cependant il y ait dissociation, pour une cause quelconque, d'avec la partie inférieure, l'instinct sexuel demeure tout en ne pouvant plus arriver à sa fin positive et donne lieu à des agitations et à des troubles qui s'observent de préférence chez les névropathes, précisément parce que leur maladie a sa source dans le déséquilibre sympathique. C'est donc avec raison que MM. Pierre JANET,

LADAME, FR. LIMAN, WELLS, d'autres encore, voient dans ces accidents, contrairement à l'opinion que soutient l'école de FREUD, non pas toute la maladie nerveuse, mais seulement son effet et son expression (1).

Chez la femme, d'après M. P. CARNOT, la sécrétion endocrine des corps jaunes n'est pas seule en jeu et la sécrétion ovarienne totale joue aussi un rôle, mais les résultats sont les mêmes, à savoir que l'atrophie ovarienne supprime les désirs sexuels, tandis que l'hypertrophie paraît les exagérer. M. BOIGEY (2) a pu en effet, chez des femmes adonnées à la luxure, constater cette hypertrophie. Toutefois la périodicité du besoin de rapprochement sexuel reconnaît d'autres raisons que chez l'homme. Comme il se manifeste surtout aux environs des règles, on suppose que ce besoin est en relation avec la maturation et la ponte de l'œuf et la formation du corps jaune, lequel met une dizaine de jours à évoluer, ce qui peut expliquer la poussée de désirs que l'on observe aussi au milieu de la période intercatéméniale. Enfin le corps jaune de l'œuf fécondé est, suivant MM. BOUIN et ANCEL, de plus longue durée que le corps jaune de menstruation, et on a posé la question de savoir si ce fait ne se relie pas à l'exacerbation de l'impulsion sexuelle notée parfois au commencement d'une grossesse. Sous ces différences, les sécrétions génitales de la femme jouent dans le mécanisme psycho-sexuel le même rôle que les sécrétions génitales de l'homme.

Nous arrivons donc à cette conclusion que, ces sécrétions conditionnant l'intensité et la fréquence de l'impulsion sexuelle, le luxurieux est un individu dont les sécrétions génitales endocrines sont abondantes et

(1) P. JANET, *op. cit.*, pp. 242-243.
(2) *Op. cit.*, p. 72.

dont le mécanisme psycho-sexuel est, par suite, constamment tendu. Et l'observation la confirme. Nous
avons déjà rappelé les constatations de M. BOIGEY.
Chez beaucoup d'hommes débauchés, on note une augmentation du volume des testicules et des éjaculations
copieuses. On ne doit pas confondre ici la cause avec
l'effet, car chez des enfants très précoces et qui font
plus tard souvent des libertins, ce développement
frappe de bonne heure le médecin et même les parents.
En outre, les caractères sexuels secondaires, que conditionnent les sécrétions endocrines, s'affirment plus
nettement, surtout en ce qui concerne la pilosité spéciale, la voix, les attitudes automatiques, la sensibilité des tissus érectiles. Enfin on ne saurait oublier
que la castration tardive atténue ces caractères et l'instinct sexuel en ne laissant guère subsister qu'une agitation psychique qui diminue peu à peu, et que la castration précoce empêche le développ... ent des premiers
et annihile le second. Il est possible, et ce point n'est
pas encore tout à fait clair, que d'autres sécrétions
endocrines, thyroïdienne, hypophysaire, surrénale
même, interviennent, comme on l'a vu à propos de la
paresse, pour exagérer encore ou atténuer l'instinct
sexuel, mais son exaltation et tous les phénomènes
passionnels qui en découlent paraissent bien conditionnés avant tout par l'activité naturelle des glandes
génitales.

La luxure chez la femme. — Nous avons étudié jusqu'ici surtout la luxure chez l'homme. Si la pathogénie
précédente est exacte, elle doit nous permettre de comprendre l'allure spéciale de la luxure chez la femme.

La psychologie, à elle seule, ne rend pas compte de
cette allure. Il est entendu que la femme est plus émotive, a une mémoire affective meilleure et garde plus

longtemps le souvenir de l'homme qui lui a procuré du
plaisir et principalement du premier ; elle est peut-être
plus disposée à l'amour vrai, à la grande passion, que
son compagnon. Mais il s'agit d'autre chose. Deux caractères distinguent en effet le libertinage féminin :
son insatiabilité, sa perversité. La femme luxurieuse
ne paraît presque jamais satisfaite ; à peine la crise
terminée, elle demande à recommencer et supporte
bien ses dépenses charnelles parfois excessives. Une telle
femme peut épuiser plusieurs hommes et l'histoire a
conservé le nom de quelques-unes de ces Messalines.
En même temps, il n'est pas de manœuvres auxquelles
elle ne se livre pour exciter soit sa propre tumescence,
soit celle de l'homme ; elle est la grande instigatrice
des perversions, qu'elle recherche, qu'elle sollicite et
qu'elle impose. En réalité, ces deux caractères sont cor-
rélatifs et dépendent d'une même cause. Moins fréquente que celle de l'homme, son impulsion sexuelle
ne trouve pas par ailleurs, comme celle-là, son assouvissement momentané complet dans l'évacuation des réservoirs génitaux, et la détente procurée par un spasme
isolé demeure ou peut demeurer insuffisante ; de là
les reprises qu'elle tente bientôt ; de là aussi les « ra-
tages », les impressions d'incomplétude dans l'acte
dont tant de femmes se plaignent ; de là enfin tous les
essais de manœuvres perverses pour amener une détente
plus parfaite. Mais ces manœuvres ont encore une autre
raison d'être : la tumescence de la femme, pour les
motifs ci-dessus indiqués, est plus lente et plus difficile que celle de l'homme ; il faut la préparer par toutes
sortes de caresses qu'Amboise PARÉ énumérait déjà,
et dont beaucoup de maris ignorent à tort la valeur.
De telles caresses sont d'autant plus efficaces qu'elles
atteignent plus profondément la sensibilité, qu'elles

étendent et multiplient les impressions tactiles, olfactives, visuelles, tout ce qui est en rapport avec l'instinct sexuel. Il en résulte une tension physiologique et psychique énorme qu'un dernier contact peut détendre. Telle est la signification des caractères de la luxure féminine.

La physiologie génitale de la femme et les conditions conséquentes de sa luxure expliquent pourquoi il y a moins de femmes libertines que d'hommes, moins en tout cas qu'on le croit, car beaucoup ont une mauvaise conduite, se livrent à la prostitution, qui ne sont luxurieuses qu'en apparence ; elles font des grimaces, s'adonnent aux pires manœuvres pour exciter et contenter leur partenaire, mais elles simulent bien plus qu'elles n'y prennent plaisir ; les débauches auxquelles elles s'adonnent ont une autre cause, la paresse, l'ivrognerie, la vanité, etc. Ce sont souvent des débiles, parfois normales au point de vue génital, mais parfois aussi insuffisantes. Il ne faut pas davantage confondre la coquetterie avec une manifestation de la luxure ; c'est d'ordinaire surtout une question d'amour-propre et de vanité. Les femmes qui prennent le plus de soin de leur toilette et qui exagèrent l'impudeur des modes sont loin d'être toujours les plus ardentes. Reconnaissons néanmoins qu'au désir de briller, de se faire remarquer, d'éclipser les bonnes amies, se joint ordinairement un vague sentiment sexuel, le besoin presque inconscient d'attirer l'attention du mâle, parce que la nature passive de la femme l'incite particulièrement à ce jeu.

Influence de l'âge. — La pathogénie qui a été exposée indique dans quelle mesure l'âge influence le développement de la luxure, puisque celle-ci a sa cause dans l'abondance des sécrétions génitales surtout marquée pendant la jeunesse. En réalité, il n'y a pas de luxure avant la nubilité, mais cette dernière peut être plus précoce qu'on ne le croit, ainsi qu'on l'a découvert chez des garçons adonnés très jeunes à la masturbation. Chez les jeunes hommes et pour les raisons déjà dites, la tendance à la luxure est plus grande que chez les jeunes filles : d'ailleurs, dans nos régions tempérées, la plénitude sexuelle de la femme oscille, d'après HAVELOCK ELLIS, entre 25 et 30 ans, diminue sensiblement après 45 ans et cesse à la ménopause ; à cette période critique pourtant, on observe assez fréquemment une exagération de l'appétit sexuel qui contraste avec la difficulté de la détente, mais il s'agit surtout, dans ce cas, d'habitudes psycho-sexuelles auxquelles le centre spino-sympathique répond mal : c'est pourquoi les troubles mentaux érotomaniaques ne sont pas rares à ce moment. Chez l'homme, l'appétit sexuel persiste plus longtemps; des vieillards, ayant largement dépassé la soixantaine, ont été trouvés à l'autopsie porteurs de glandes génitales intactes. Néanmoins, et pour des causes qui ne sont pas toujours purement génitales (diabète, artériosclérose), la puissance baisse à partir de 55 ans environ, et c'est la faculté de tumescence qui semble la première atteinte. Alors peut s'organiser une luxure comparable à celle de la femme à la ménopause, mais bien plus prolongée. En général, l'homme présente le maximum de luxure vers la quarantaine et on connaît, en effet, la gravité et la violence des débordements qui se produisent parfois à cet âge et dont M. P. BOURGET a étudié un épisode dans *le Démon de midi* (1).

Influence de la race et du climat. — HAVELOCK ELLIS, ayant constaté, chez les sauvages, de nombreuses pro-

(1) « Il en est, disait BUSSY-RABUTIN, de l'amour comme de la petite vérole, qui est d'autant plus dangereuse qu'elle vient plus tard. »

hibitions relatives à l'acte sexuel, en conclut que leur impulsion doit être assez faible. Cependant, comme la lubricité du barbare ou du demi-civilisé soustrait à la contrainte de ses coutumes est un fait avéré, il est permis de donner, à ces prohibitions, une autre interprétation suggérée par Lubbock et Ch. Letourneau : elles ont pour but, en effet, de même que les prohibitions religieuses, de protéger la femme enceinte et l'enfant à naître ou qui vient de naître. Du reste l'enquête de Mantegazza nous montre la luxure développée à peu près également dans toutes les races, bien que sous des formes diversement compliquées ; plus animale, plus simple dans les régions chaudes par suite même des conditions du milieu, elle devient plus tortueuse, plus perverse dans les régions septentrionales. Au surplus, la frigidité des femmes du Nord semble n'être qu'une légende, contre laquelle s'élève M. Marcel Prévost dans la préface du roman de Mme Mikaélis : *l'Age dangereux*. Enfin, il est impossible de ne pas mentionner la lubricité allemande, à la fois hypocrite et cynique et qui mériterait une étude particulière. Il n'y a pas de peuple au monde qui parle autant de sa vertu et qui cependant soit plus débauché et étale plus effrontément ses nombreuses perversions, à ce point que des cinémas et des journaux s'en font les défenseurs et les propagateurs publics. On note ainsi de curieuses analogies entre la luxure des Allemands et celle des sauvages, et cela est en accord avec la mentalité d'une race dont le développement intellectuel dépasse de beaucoup la culture morale (1).

Influence de l'époque et du moment. — En effet, ce discord entre l'intelligence et la moralité tend à favo-

(1) J. Lacmonier, De quelques éléments de la psychologie allemande (*Correspondant médical*, janvier 1916).

riser la luxure. HEAPE a prétendu que la civilisation actuelle, exagérant l'excitabilité sexuelle par la licence des spectacles, les contacts multipliés et l'encombrement, la promiscuité des sexes dans les ateliers et les bureaux, etc., augmente la puissance reproductrice. Rien ne paraît moins démontré, puisque la natalité générale fléchit précisément dans les pays les plus civilisés ; d'ailleurs, il n'y a pas de lien nécessaire entre la prolificité et l'excitabilité sexuelle. Ce fléchissement peut donc être indépendant de la puissance prolifique et conditionné par d'autres causes. On ne saurait douter que le relâchement des contraintes, l'abandon des croyances religieuses, l'impuissance et la déroute de la morale, ne livrent l'homme aux impulsions de ses instincts primaires, qui trouvent, dans les circonstances présentes de la vie, des occasions multiples de se satisfaire. Superposée à une intellectualité grandissante, à une excitation sexuelle sans cesse sollicitée, la désadaptation morale aboutit fatalement à la luxure, et à la luxure la plus redoutable, laquelle à son tour recherche et entraîne une stérilité relative. Sans doute, ces diverses circonstances ne créent pas, à elles seules, la luxure, mais elles contribuent à la développer chez les prédisposés, à l'entretenir et à l'aggraver. Il est curieux de remarquer que c'est aux périodes extrêmes de civilisation, quand la maturité incline vers la décadence, que la luxure sévit avec le plus de fureur, à Babylone comme à Rome, à Byzance comme à Cordoue. Il semble qu'il y ait, à ce phénomène, une cause générale et profonde que nous retrouvons aujourd'hui, que nous retrouvons aussi dans l'histoire de certains individus, l'épuisement d'un peuple, d'une race ou d'une caste, le déséquilibre nerveux qui rend progressivement impropre aux adaptations supérieures et laisse remonter à la surface les instincts jusqu'alors refoulés. Nul instinct n'est plus adhérent que l'instinct sexuel. Que les circonstances de constitution, de tempérament l'y préparent, démuni du frein de l'éducation et poussé par l'ambiance, il s'étale aussitôt en débauches.

Un autre phénomène curieux requiert la même explication. On a observé que les grandes catastrophes exaltent la luxure. THUCYDIDE et BOCCACE notamment ont décrit les scènes scandaleuses qui se déroulaient à Athènes et à Naples pendant qu'y sévissait la peste ; les famines, les guerres poussent aux mêmes dévergondages, et parfois, comme on l'a vu à la veille de l'An Mil, la simple imminence du péril suffit à les provoquer. Il en est de même, le danger passé, et la licence du Directoire après les scènes de la Terreur en apporte une preuve que vient renforcer le délire des temps de l'Armistice. Évidemment l'intensité des émotions rompt l'équilibre nerveux et fait de beaucoup de gens des désadaptés chez lesquels l'homme primitif reparaît avec la violence de ses passions.

Nous sommes donc conduits à reconnaître l'influence des circonstances extérieures. Répétons-le encore une fois : elles ne créent pas la luxure, elles ne font qu'en favoriser l'explosion, par la ruine momentanée des inhibitions et des acquisitions supérieures. Parlant de l'amour, LA BRUYÈRE écrivait : « On n'est pas plus maître de toujours aimer qu'on ne l'a été de ne pas aimer. » On peut dire la même chose de la luxure. Chez beaucoup, elle est là d'avance, mais latente, refoulée par les obligations morales, ou dérivée en troubles névropathiques. Survient une occasion et elle éclate : c'est « l'heure du berger ». Pourquoi ? Les romanciers se sont donné beaucoup de mal pour en imaginer les raisons. Voici une observation dont j'ai donné le détail ailleurs (1). Une dame parfaitement honnête et qui aimait sincèrement son mari va, pour sa santé, passer un mois dans une ville d'eaux ; jolie femme, elle y es fortement courtisée sans laisser prise à la moindre critique, quand, un beau soir, elle s'abandonne aux bras d'un passant. Quel joli thème à développer pour un psychologue ! En réalité, l'événement fut simple et l'enquête médicale l'établit sans conteste : cette dame avait eu quelques instants auparavant une forte émotion et elle était aux approches de ses règles, c'est-à-dire qu'elle se trouvait, d'une part, en état de déséquilibre et avait perdu son pouvoir de contrôle, de l'autre à un moment où le besoin sexuel s'accuse chez la femme. Ces deux conditions se retrouvent dans tous les cas analogues, et l'examen que nous venons de faire des circonstances favorisantes préparait cette conclusion. Il faut une hypercrinie génitale, tel est l'élément essentiel de la luxure ; si la désadaptation ou le déséquilibre est originel, la luxure est continue ; s'il est accidentel, elle est elle-même passagère. Voilà pourquoi certaines personnes ne sont jamais libertines, et voilà pourquoi d'autres le sont aujourd'hui, qui ne l'étaient pas hier et ne le seront plus demain.

Influence des maladies. — Il est un dernier facteur dont on ne saurait négliger l'étude, c'est la maladie. Nous savons déjà que les dermatoses génitales, les hémorrhoïdes, les oxyures, sont capables, par synergie réflexe, de produire la tumescence et d'entraîner, notamment chez les enfants, la masturbation ; nous savons aussi que des lésions médullaires amènent le priapisme chez l'homme et la nymphomanie chez la femme ; nous savons enfin que certaines drogues, la cantharidine, la

_____

(1) *Correspondant médical*, 15 février 1907.

yohimbine, même l'extrait de céleri, ont des effets aphrodisiaques. Mais ce sont là des actions localisées et précises auxquelles l'esprit peut rester étranger.

D'autres maladies semblent au contraire influencer tout le mécanisme psycho-sexuel et prédisposer à la luxure, en premier lieu la tuberculose. On a parfois qualifié les tuberculeux d' « embrasés ». Certains, en effet, mais plus rares qu'on ne dit, sont dans un perpétuel état d'éréthisme génital. Quelle en est la cause ? Est-ce la toxine bacillaire irritant le centre spinal, est-ce une hypocrinie rendue probable par l'abaissement de la pression artérielle et qui cesserait de faire équilibre à l'hypercrinie sexuelle? Est-ce tout bonnement la cure (suralimentation, repos couché) dans certaines conditions, car on a remarqué que l'éréthisme s'accuse dans le milieu des sanatoriums ? Nous l'ignorons, mais deux faits sont à noter : l'excitation ne s'observe que chez les tuberculeux pulmonaires et chez quelques-uns seulement ; elle suit, jusqu'à la période préterminale, l'évolution de la maladie et s'atténue quand l'amélioration se dessine nettement, quoique et peut-être par le retentissement des excès qu'ils arrivent à commettre les tuberculeux « embrasés » soient ceux qui subissent le moins l'influence du traitement. Il est intéressant de rappeler ici les relations que le public et même les artistes ont établies entre l'ardeur amoureuse et la tuberculose. Au temps de la Renaissance, la beauté féminine revêtait volontiers l'habitus phtisique, témoin la Vénus de BOTTICELLI. De même à l'époque du Romantisme, et plus tard, l'éclat fébrile et la cernure des yeux, la transparence de la peau, la teinte cuivrée de la chevelure, les grâces languides propres aux tuberculeux passaient pour les signes d'une grande passion amoureuse.

Avouons que, tout en enregistrant cette opinion, nous demeurons incapables de la justifier.

A côté de la tuberculose, il faut placer les névroses. A cet égard, on a fait une trop mauvaise réputation à l'hystérie ; la luxure n'y est pas plus fréquente que dans les autres maladies du même genre et n'en constitue qu'un épisode, comme on l'a rappelé. D'après MM. MAIRET et MARGARET et M. HARTENBERG, les perversions sexuelles appartiendraient plutôt à la dégénérescence, la passion amoureuse et la luxure au pithiatisme. Cette dernière assimilation est, je crois, fort exagérée, ni tous les hystériques ne sont pas des érotomanes, ni tous les luxurieux des hystériques. Seulement, dans toutes les névroses et les psychoses, surtout si les conditions d'hypercrinie sont réalisées, il peut y avoir des manifestations sexuelles, mais sans signification pathognomonique plus spéciale que les obsessions, les manies et les délires.

Enfin mentionnons les intoxications. Celles que produisent les cantharides, le phosphore en sont des exemples connus. Des poisons endogènes auraient-ils des effets analogues ? C'est une question qu'on a posée. N'a-t-on pas parlé d'une fièvre érotique à allure toxique ? Pour M. DE FLEURY (1), l'amour est tout à fait comparable, dans ses aspects et son évolution, à une intoxication (ivrognerie, morphinisme), et son poison serait, non pas chimique, mais psychologique. Si ce poison psychologique nous laisse perplexes, la comparaison n'en est pas moins assez juste et peut-être trouverait-on des agents plus substantiels. MAUREL s'était étonné que tant d'hérédo-arthritiques, dont la prolificité est faible, soient des excités sexuels, très enclins à la luxure.

____

(1) *Introduction à la médecine de l'esprit,* 5ᵉ édit., 1898, p. 345.

Le fait est exact et parfaitement compréhensible, puisque la maladie du surmenage transmet une moindre puissance d'effort, une moindre résistance à la fatigue, bref ce qui caractérise la constitution émotive, avec ses réactions désordonnées et inadaptées. Névropathes, artistes et ceux qu'on a qualifiés à tort dégénérés supérieurs, sont en effet presque toujours des hérédo-arthritiques. Mais, laissant de côté les cas, comme le diabète, où l'impuissance apparaît, doit-on admettre l'intervention de poisons autogènes pour expliquer ces conséquences de la diathèse, conformément à la théorie de Ch. Bouchard ? C'est de moins en moins probable, car, ces poisons, nous sommes encore à les découvrir. Moins hypothétique, plus conforme à ce que nous savons de la pathogénie du surmenage, est la simple déficience d'organes laissant le champ libre à des fonctions peu touchées et qui rompent en leur faveur l'équilibre et la corrélation. On se rend compte ainsi de cette « fragilisation » psycho-sexuelle, observée chez les neuro-arthritiques et que W.-A. Hammond a étudiée, qui fait qu'un homme éprouve la tumescence et l'orgasme rien qu'à frôler la femme désirée ou même à y penser. Pour ces diverses raisons, l'arthritisme est certainement l'une des causes les plus fréquentes de la luxure bien que ses prétendus poisons n'y jouent vraisemblablement aucun rôle. Déjà, à la période de pléthore, il y prédispose par le besoin de dépenser les forces en excès, et si, à la période des insuffisances, il produit parfois l'anaphrodisie, plus souvent, altérant tardivement l'endocrinie génitale (1) mais diminuant le pouvoir inhibiteur des centres cérébraux, il laisse l'impulsion sexuelle s'exercer sans contrepoids.

(1) On verra plus loin (p. 114-115) par quel mécanisme on pourrait tenter d'expliquer l'infécondité des hérédo-arthritiques.

***

Dangers des excès sexuels. Les maladies vénériennes. —
Les dangers de la luxure sont multiples. En dehors
du risque pénal (attentat aux mœurs, viol, etc.), que
nous laisserons de côté, la liste en est si longue qu'il faut
se borner à signaler les principaux.

Émotionnant, fatigant, l'acte sexuel complet ne peut
se répéter qu'à de certains intervalles, variables suivant
l'âge, l'individu, l'entraînement. Si on ne tient pas
compte de cette nécessité, l'épuisement arrive assez vite.
On en connaît les signes habituels, anorexie, insomnie,
amaigrissement, palpitations, tremblement, perte de la
mémoire, de l'aptitude au travail physique et intellectuel, hébétude, etc. Ce sacrifice de toutes les fonctions
au bénéfice d'une seule a des conséquences sérieuses ;
sans les exagérer, il faut en reconnaître l'importance
réelle. Un système nerveux ébranlé par de perpétuelles secousses devient impropre à sa mission de régulation et de défense. Chez les petits masturbateurs,
chez les adultes qui se livrent à de fréquents excès de
libertinage, la résistance organique diminuée prédispose
aux infections ou les aggrave ; l'enfant d'ailleurs devient
sournois, menteur, paresseux, abruti ; l'adulte, grognon,
acariâtre, méchant, injuste et néanmoins flasque et
sans volonté. Ceci, beaucoup de femmes le savent et
usent de ce moyen pour obtenir de leur amant ou de
leur mari ce qu'elles désirent et arriver à le dominer.
On a dit quelquefois que l'abus (1) fait, comme l'alcoo-

(1) Que faut-il entendre par abus ? C'est un point qui a préoccupé les
hygiénistes depuis l'École de Salerne. En principe est abusive toute réi-
tération immédiate. Dans une intéressante conférence du service du professeur Albert Robin, M. G. Bardet a formulé les règles suivantes : jus-

lisme, le lit de la tuberculose. Cette double affirmation ne me paraît pas directement démontrée, et on a vu précédemment quels sont les rapports de la luxure et de la tuberculose. On peut invoquer cependant une préparation du terrain, un affaiblissement des défenses, mais ce qu'il y a de sûr, c'est que, chez le tuberculeux pulmonaire, un simple excès est capable d'entraîner une hémoptysie foudroyante. De même, on a vu des cardiaques, des artério-scléreux, des vieillards succomber, au cours d'un coït, à une syncope du cœur ou à l'apoplexie. Enfin l'acte sexuel augmente la glucosurie, déclenche une attaque de goutte ou une crise de migraine, hâte l'incubation d'une infection (grippe), etc. Qui douterait, après cela, de l'extrême prudence que réclame la satisfaction, même légitime, de l'instinct sexuel ?

Le danger des maladies vénériennes n'est pas spécial au libertin, puisque l'homme le plus chaste peut attraper la syphilis en buvant dans le verre de son voisin, mais il est évidemment plus grand pour ceux qui, s'abandonnant à leur impulsion, changent sans cesse de partenaire sans s'assurer des garanties indispensables. Aussi la syphilis et la blennorragie sont-elles extrêmement fréquentes chez les luxurieux. Or, ce sont des maladies très graves et riches de complications redoutables, personnelles, familiales et sociales : pour la blennorragie, rhumatisme, orchi-épididymite chez l'homme, vaginite, métrite, salpingite chez les femmes, parfois infécondité chez les deux ; pour la syphilis, accidents de toutes sortes, immédiats ou tardifs, éruptions, plaies et cicatrices hideuses, tabes et paralysie générale, mort

qu'à 40 ans, liberté relative ; de 40 à 50, grande modération ; après 50 ou 55 ans, suppression. Dans ces limites, quelle est la latitude ? Tout dépend de l'individu et des circonstances et l'*heptadie* ne saurait être considéré comme une indication suffisante.

précoce, lésions artérielles, cancer, fausses couches et
morti-natalité. Mais le plus inquiétant c'est que le
luxurieux, incapable, même malade, de résister à son
impulsion, risque de contaminer tous ceux qu'il approche,
non seulement le passant inconnu, mais la femme ou
le mari et les enfants, et de tarer cruellement sa descendance. De là des conséquences, que nous devons examiner
et qui marquent la nécessité d'abord de dépister et de
soigner obligatoirement les vénériens, ensuite, et non
moins expressément, de mettre en œuvre tous les moyens
capables d'enrayer et de combattre la luxure.

Luxure et famille. — Elle est, en effet, le principal
agent de dissociation de la famille, et, si celle-ci constitue
vraiment la base de toute organisation sociale, on entrevoit sans peine un des principaux retentissements de
la débauche sur la collectivité. Cette action s'exerce à
l'extérieur et à l'intérieur de la famille. Aucun sentiment élevé n'étant capable de le retenir, le libertin
n'hésite pas à détourner des jeunes filles de leur devoir,
à les déflorer ; il contribue de la sorte au développement
de la prostitution, des maladies vénériennes, à la multiplication des avortements et des enfants abandonnés,
dont beaucoup sont fatalement tarés, c'est-à-dire qu'il
accroît les charges hospitalières, répressives et charitables de la communauté. C'est là l'action extérieure :
il empêche la fondation de certains foyers qui auraient
peut-être été féconds et heureux. Le luxurieux ne s'arrête pas là ; par l'adultère, il détruit le foyer des autres
et son propre foyer, surtout il l'expose à ces contaminations qui empoisonnent et tarissent des lignées entières.
Aujourd'hui que, avec leur manie d'aduler les plus bas
instincts, la littérature et le théâtre ont entouré l'adultère
d'une espèce d'auréole, on s'imagine porter remède
à tout par le divorce. Certes, quand il n'y a pas de pro-

géniture, la solution est acceptable; mais s'il y a des enfants ! Qu'on regarde, autour de soi, la situation lamentable de ces pauvres petits, tiraillés entre le père et la mère, perdant l'amour et le respect des parents et n'envisageant plus désormais le devoir familial que comme une duperie (1).

Luxure et natalité. — Après la famille et à travers la famille, c'est la société qu'elle atteint directement. Nous avons mentionné ci-dessus les dangers des abus sexuels ; il y en a d'autres et plus graves, puisque la répétition trop fréquente de l'acte sexuel diminue le pouvoir fécondant de l'homme et le pouvoir gestatif de la femme : dans le premier cas, en effet, les vésicules sont vidées avant que la maturation des gamètes soit complète; dans le second, la congestion utérine rend difficile et précaire la fixation de l'ovule fécondé ; en outre, les gynécologues sont d'accord pour reconnaître que la fréquence des rapports peut être, à elle seule, une cause d'avortement. Je me suis demandé, à ce propos, si la fréquence de l'excitation sexuelle et de la luxure chez les hérédo-arthritiques n'est pas la cause ordinaire de l'infécondité signalée par MAUREL chez beaucoup de familles arthritisées. Les femmes appartenant à ces familles présentent parfois, il est vrai, des déviations utérines, d'ailleurs aisément réparables, mais les accidents aménorrhéiques sont en général rares et tardifs, et l'homme possède une intégrité complète des fonctions et des organes. D'un autre côté, l'infécondité n'existe pas toujours, même à la troisième ou quatrième génération, même quand les deux conjoints sont de souche arthritique, et, si la famille s'éteint cependant, c'est bien plutôt parce que les enfants naissent très fragiles et meurent avant l'âge

(1) Cf. l'article impressionnant du *Temps*, 8 mai 1921 : Après l'audience, les jeux de la haine, par M. H. VONOVEN.

de la reproduction. Il ne me paraît donc pas possible
de répondre d'une manière précise à la question que je
viens de poser, et tout ce qu'on peut dire c'est que
l'arthritique hypersexuel réunit plus de chances qu'un
autre de ne pas avoir de rejetons.

Au surplus, l'action de la luxure sur la natalité
s'exerce moins directement par les maladies conséquentes
qu'indirectement par les pratiques anticonceptionnelles
et abortives, qui sont parmi ses manifestations les plus
odieuses. Or, à quoi aboutit cette sorte de luxure ?
Des accoucheurs qualifiés, MM. DOLÉRIS, BOISSARD,
MAUCLAIRE, TISSIER, etc., ont établi que les hospita-
lisations par suite d'avortements criminels ont, depuis
quelques années, triplé à Paris. Et des constatations
analogues ont été faites dans toutes les grandes villes
de France et à l'étranger, qui paie lui aussi à ce vice
un lourd tribut. Mais, à côté de ces avortements, dont
les suites sérieuses appellent l'intervention du médecin,
il y a ceux qui se passent sans trop d'anicroches et dont
le nombre, quoique inconnu, est certainement très
élevé. Aussi les auteurs précédents estiment-ils à plus
de 120.000 en France les destructions de fœtus ainsi
opérées annuellement. Que sont pourtant ces héca-
tombes quand on songe à toutes les fécondations qui
ont été empêchées par les manœuvres anticonceptionnelles ? Oui, nous le savons. Pour les excuser, ces manœuvres, on invoque bien d'autres motifs que la luxure :
le risque de maternité, le coût de l'enfant, le désir de
ne pas morceler l'héritage... Mais interrogez ces gens si
prudents. S'abstiennent-ils ? Que non pas, et, au contraire, ils se livrent d'autant plus aux excès sexuels
qu'ils se sentent protégés contre leur suite. La luxure
demeure donc, sinon le seul, au moins le principal fer-
ment de cette lente décomposition de la race. Mesurez-

en les conséquences. Même, si vous voulez, n'en considérez qu'une seule, mais actuelle et frappante. N'est-ce pas la dépression démographique de la France et l'abandon du devoir familial qu'elle atteste, qui, plus peut-être que ses richesses, ont attiré sur elle la ruée prodigieuse des barbares ? Si, au lieu de nos 600.000 naissances, nous avions eu un million d'enfants chaque année, et, par conséquent, une population plus dense et des soldats plus nombreux, l'Allemagne eût-elle risqué l'aventure ; la guerre, accumulant les ruines et les deuils, eût-elle duré quatre ans, et tant de gens pleureraient-ils maintenant devant les berceaux vides et les foyers déserts ?

Traitement de la luxure.—Après de si longues considérations, on sera surpris de trouver fort court le paragraphe consacré à la thérapeutique. C'est que le terrain est presque vierge. Sans doute, contre la masturbation habituelle, on a employé divers moyens de contention, et, contre l'homosexualité et d'autres perversions de dégénérés, la suggestion hypnotique, sans succès constants d'ailleurs. Mais il ne s'agit pas de tels malades, il s'agit d'individus qui ont le plus souvent des rapports normaux mais excessifs, inopportuns ou détournés volontairement de leur but physiologique. On songe parfois à donner quelques conseils au jeune homme qui court et gaspille sa fortune et à la fille en train de mal tourner; l'avocat, à la rigueur, réprimande son client qui a des ennuis à cause d'une fillette dont les parents veulent le faire chanter ou d'un amour coupable qui a porté ses fruits et qu'on a tenté de faire disparaître.

Qui pense à réclamer l'intervention du médecin ? On l'appelle quand on est malade et non pour ce que l'on regarde comme de simples embêtements. Le vénérien, lui, va trouver le spécialiste, qui le soigne et l'avertit et ne peut guère aller au delà. D'un côté comme de l'autre, c'est une éducation à faire.

Serrons néanmoins le problème de plus près. Un médecin se trouve en présence d'une personne dont, à l'occasion d'un bobo quelconque, il établit les tendances habituelles à la luxure ; il lui en montre les inconvénients, les risques, la bassesse et elle réclame ses soins. Comment va-t-il organiser le traitement ?

S'inspirant de la pathogénie, la première indication doit être de modérer les sécrétions endocrines afin de diminuer, par ce moyen, la puissance de l'impulsion sexuelle. Malheureusement nous ne savons pas encore remplir cette indication. Grâce à l'opothérapie, n⋅⋅s sommes à même de lutter contre les insuffisances g!⋅ dulaires, non contre l'hypercrinie. Cependant on a préconisé dans les manifestations atténuées du thyroïdisme et dans la maladie de Basedow le sérum d'animaux éthyroïdés avec un certain succès. Faudrait-il essayer, dans la luxure, le sérum d'animaux châtrés ? L'expérience n'a point été, que je sache, tentée, du moins avec cet objectif précis. Quant à utiliser des sécrétions antagonistes, on ne pourra le faire en toute sûreté que lorsque ce chapitre de l'Endocrinologie nous sera mieux connu.

Privé de la médication spécifiquement pathogénique, le médecin en est réduit au traitement de quelques causes favorisantes de certains symptômes. Il s'attaquera aux oxyures, aux hémorroïdes, aux dermatoses génitales, qui provoquent et entretiennent l'hyperhémie du petit bassin ; il combattra l'hyperesthésie et le priapisme, par la tisane de verveine officinale (1) ou de laitue, déjà recommandée par Dioscoride contre l'érotisme et vantée aujourd'hui encore par le professeur G. Pouchet, le nénuphar de réputation fort ancienne et que Desbois prescrivait contre la nymphomanie, le lupulin auquel Durand-Fardel attribuait également des propriétés antiaphrodisiaques, les chatons de saule blanc, qui se prévalent de l'École de Salerne et dont H. Leclerc a constaté l'action modératrice, la ciguë que saint Jérôme et Origène estimaient pour vaincre la concupiscence quand la volonté défaille, la morelle, à laquelle on a songé de nos jours parce que la solanine qu'elle renferme diminue l'activité excito-motrice des centres médullaires, etc., etc. Toute cette thérapeutique par les simples est d'aspect vétuste, mais elle n'est pas dépourvue d'efficacité ; si son action est locale et temporaire, palliative et non curative, elle a pourtant l'avantage de préparer et de faciliter la mise en jeu du traitement moral.

En dehors de ces drogues, qu'il ne faut pas craindre d'essayer successivement et même d'administrer généreusement (sauf bien entendu la morelle), on ne doit négliger ni le régime, ni l'hygiène. Repas peu abondants mais fréquents, suppression des condiments épicés, des truffes, céleri, caviar, laitance, chocolat, vins généreux, etc. ; extrême propreté des organes génitaux, grands bains, bains de siège tièdes et non pas froids ni trop chauds, exercices physiques bien réglés, progressifs, surtout marche sous ses différentes formes, chasse, alpinisme, de manière à amener un bon sommeil, et, par conséquent, éviter la fatigue exagérée et le surmenage qui auraient des effets contraires. Pas

---

(1) *Data in potu, non permittit virgam erigi* (Savonarole).

d'équitation chez la femme, pas de danses et moins encore celles d'aujourd'hui que les anciennes. De médicaments proprement dits, aucun, ni opium, ni bromure, ni camphre. Je ne mentionne qu'à titre de curiosité le procédé de Max HUHNER qui consiste à instiller dans l'urètre postérieur des solutions de nitrate d'argent à concentration croissante dans le but de supprimer le priapisme, car ce procédé est douloureux, problématique et ne trouve d'application que dans la blennorragie.

L'action psychologique et l'éducation de la chasteté. — Quant au traitement psychothérapique, il ne nous arrêtera guère plus longtemps. Dans les cas sérieux, chez les enfants vicieux spécialement, l'isolement, accompagné d'une surveillance rigoureuse, est parfois utile, mais il suppose toujours l'emploi simultané du traitement somatique ci-dessus, et même opothérapique s'il y a quelque signe d'arriération. Le repos est au contraire funeste ; il faut imposer le travail bien réglé, varié, mais continu, alternant les occupations manuelles et intellectuelles. Le travail manuel n'empêche pas l'imagination de vagabonder, mais il est nécessaire pour harmoniser les dépenses. Le travail intellectuel a une action plus « distractive » ; toutefois, s'il n'est pas purement abstrait, il provoque bientôt des réminiscences et des retours de pensée vers l'érotisme ; c'est pourquoi il faut le varier, à moins que la personne ne s'intéresse vivement à un certain genre de recherches. On ne peut recommander très utilement ni les déplacements, ni les voyages, car les occasions de libertinage ne manquent nulle part et le luxurieux, échappé à l'emprise du médecin, en profitera. Il en est autrement s'il s'agit d'un séjour en haute montagne, quand il équivaut à une cure d'isolement, avec la distraction des exercices et des excursions en plus. De même la « fuite » constitue souvent un bon procédé, s'il s'agit d'un attachement particulier. Tandis que l'objet du traitement somatique est de modérer l'excitabilité spinale, celui des procédés précédents est de distraire des idées érotiques, de « drainer », comme dit M. Pierre Janet, le centre psycho-sexuel à l'avantage des autres centres cérébraux. Il va donc de soi que l'on s'efforcera de supprimer les conversations grivoises, les lectures licencieuses, les visites aux petits théâtres et tout ce qui est capable d'exciter les idées de libertinage.

Pour achever cette besogne, qui n'est pas commode et ne peut être tentée avec succès que lorsque déjà le traitement somatique a atténué l'excitabilité et que, par conséquent, la réaction organique cesse de suivre et même de provoquer l'agitation mentale, il reste un moyen. Je ne veux pas parler de la méthode de Freud, bien trop dangereuse avec son système de tout ramener à une émotion sexuelle, et qui d'ailleurs tend à substituer l'idée préconçue du médecin au sentiment réel du patient et n'est applicable ici que dans des cas exceptionnels. Je veux parler d'une chose plus simple et peut-être inattendue : l'éducation de la chasteté.

Elle est aujourd'hui la vertu la plus désuette. On en fait des gorges chaudes, on l'accuse de provoquer des maladies, l'acné des garçons, la chlorose des filles, l'hystérie, l'artério-sclérose, etc. « On a parlé indûment et à la légère, disait le professeur Alfred Fournier, des dangers de la continence. Vous avouerai-je que, si ces dangers existent, je ne les connais pas et suis encore à les connaître (1). » En revanche, la chasteté a des avantages, ne serait-ce que d'éviter les maladies vénériennes

____

(1) Cité par Esgande, *le Problème de la chasteté masculine*. Paris, 1913.

dont tant de gens souffrent en eux-mêmes et dans leur descendance, les ennuis, les chagrins, les déchéances que dispense si libéralement le libertinage. Et puis chasteté n'est pas abstention, mais devoir dans le mariage, respect du conjoint, acceptation des charges qui représentent la rançon du plaisir.

N'est-il pas difficile de vanter à un luxurieux les mérites de cette vertu et de lui apprendre à la pratiquer ? Oui, si vous vous adressez tout de suite à l'esprit malade; non, si préalablement, par le traitement somatique, vous avez affaibli l'excitation physique. L'irritation spinale ne se transmettant plus avec la même force au cerveau, il en résulte un calme mental, dont il faut profiter pour exercer une dérivation, un drainage, réglementer, doser l'acte sexuel, donner peu à peu des habitudes, car la chasteté n'est qu'une habitude. La leçon morale vient en même temps, se développe, s'affirme, non sans peine, mais trouvant sans cesse dans le « sentiment du triomphe » un point d'appui pour s'élever plus haut, la leçon du devoir envers soi-même, envers son conjoint, envers la famille et les enfants, envers la patrie. Et l'on est très souvent surpris de voir le luxurieux, trépidant ou inquiet, retrouver sous l'influence du double traitement son équilibre, et éprouver, par ses nouvelles habitudes, une tranquillité, des joies profondes et durables que ses spasmes réitérés et malsains d'autrefois n'avaient jamais pu lui procurer.

CHAPITRE V

LA JALOUSIE

La jalousie et l'envie. — La psychologie n'a pas eu de peine à établir que la jalousie et l'envie ont leur source commune dans une déviation de l'instinct de propriété. D'après Th. RIBOT, la jalousie a pour base l'amour de la propriété, qui n'est lui-même qu'une prolongation de l'amour de soi et de l'instinct de conservation personnelle. « La cause qui suscite la jalousie, dit-il (1), est l'opinion, vraie ou fausse, d'une dépossession ou de la privation d'un bien convoité. »

Tout en ayant une même source, la jalousie et l'envie ne sont-elles pas différentes, au moins dans leur objet ? Pour DESCARTES, l'envie se rapporte au bien qui arrive aux autres, la jalousie au désir qu'on a de conserver son propre bien. Cette définition a été acceptée par plusieurs auteurs. « On est jaloux de son bien, écrit DESCURET (2), et envieux de celui des autres. » Certains admettent que la jalousie concerne les personnes (possédées ou désirées) et l'envie les choses, le rang, la fortune, les honneurs, le talent, la beauté, le succès, etc.

(1) *Essai sur les passions,* 2ᵉ édit., p. 91.
(2) *Op. cit.,* pp. 591-592.

Il faut remarquer cependant que, le plus souvent, ce n'est point de la chose elle-même dont on est envieux mais de la personne qui l'a obtenue et qui la détient, ce qui rend la distinction difficile. Enfin il n'est pas possible, moralement, de confondre le sentiment de la dépossession d'un bien qui nous appartient et sur lequel nous avons ou croyons avoir des droits avec le désir de posséder ce qui ne nous appartient pas et que nous ne pouvons ou ne devons pas acquérir. Le premier est légitime, non le second, qui marque une non-accommodation entre le désir et son objet, et c'est peut-être pourquoi l'envie figure seule sur la liste des péchés capitaux.

En réalité, tout comme l'envie, la jalousie manque d'appropriation, elle dépasse son droit parce qu'il n'y a pas rapport entre la réaction et l'action ; quand ce rapport s'établit, la détente se produit, la désadaptation, l'état passionnel, cesse. D'ailleurs, ni la jalousie ni l'envie ne sont des sentiments simples, mais elles offrent le même contenu. Th. RIBOT (1) y a reconnu les éléments suivants : 1º la représentation d'un bien possédé ou désiré ; 2º l'idée de la dépossession ou de la privation de ce bien ; 3º l'idée de la cause réelle ou imaginaire de cette dépossession ou de cette privation, qui éveille : 4º la tendance hostile, la colère, la haine, éléments que M. Pierre JANET (2) ramène fondamentalement à deux, l'idée d'accaparement vis-à-vis d'une personne ou d'un objet et l'hostilité vis-à-vis des autres personnes qui possèdent ou peuvent posséder cette personne ou cet objet. Au fond, il s'agit toujours, quel qu'en soit l'objet, être ou chose, de l'amour de la propriété, de tendances à la possession contrariées par

(1) *Psychologie des sentiments*, 7ᵉ édit., p. 278 ; *Logique des sentiments*, p. 76 et note.

(2) *Op. cit.*, II, p. 150.

l'idée de partage, de perte, d'où résultent des ruminations, des angoisses, des agitations, de telle sorte que envie et jalousie se confondent en une même déviation instinctive.

La jalousie amoureuse. — Cette déviation s'accuse dans la jalousie d'amour où se retrouvent tous les éléments psychologiques signalés plus haut, et, en premier lieu, le doute relativement à la possession de la personne considérée, doute que tous, médecins, psychologues ou littérateurs (MUSSET dans son *Journal* et P. BOURGET dans *Cosmopolis*) regardent comme fondamental. En effet le jaloux d'amour est incertain de son malheur ; il y croit sans en avoir la preuve et il la cherche par des investigations et des raisonnements, logiques d'ailleurs, mais qui partent d'une erreur de jugement. Par là, il alimente constamment son doute, ses préoccupations, ses tourments ; il plaide le faux pour savoir le vrai et, à défaut de prétexte, en invente. Il arrive donc, à cet état d'incertitude et d'angoisse, qu'une constatation brutale mette fin, après une crise violente, à la passion. « Le vrai jaloux, dit M. de FLEURY (1), n'est pas celui qui sait, car savoir est une détente. »

Ce froissement du désir de la possession est complexe. LA ROCHEFOUCAULD affirmait que la jalousie décèle, pour l'ordinaire, plus d'amour-propre que d'amour. Et c'est vrai très souvent. Il y a de la vanité blessée, dans la supposition ou la croyance qu'un autre est préféré, vanité qui cherche sa revanche et qui aboutit au mépris et à la haine de la personne et aussi à son martyre de tous les instants, revanche et vengeance du jaloux ; il y a de l'humiliation par conséquent, il y a de la peur, par la perspective de la perte de jouissances ou de

_____

(1) *Introduction à la médecine des passions,* 5ᵉ édit., p. 364.

l'avènement de certains risques ; il y a enfin de l'amour exaspéré, mais, le plus souvent, il s'intercale seulement entre les crises. Tout ce complexe d'inquiétude, de tristesse, d'humiliation, s'extériorise dans l'habitus du jaloux ; il a le teint plombé ; il maigrit, il dort mal, car son sommeil est peuplé de rêves et de cauchemars ; taciturne, soupçonneux, fureteur, il est un impitoyable inquisiteur qui, l'imagination aidant, construit, sur les plus futiles indices, d'incroyables romans. Dans ses investigations, rien ne l'arrête, ni ne le rebute, ni ne le retient ; il fouille dans les armoires et le linge sale, soudoie les domestiques, se fait berner par les agences de renseignements. Pas de repos pour sa victime. J'ai connu un malheureux mari qui était obligé de marquer sur un papier, presque minute par minute, ce qu'il faisait, où il allait, quelles personnes il voyait. Sa femme gardait le papier, vérifiait parfois elle-même sous un prétexte quelconque, ou bien au bout de quelques jours, liste en mains, lui demandait brusquement ce qu'il faisait tel jour à telle heure, et s'il hésitait, s'il se trompait, c'étaient des scènes à n'en plus finir. En raison de son état de doute, le jaloux se raccroche naturellement à toutes les indications, même les plus suspectes ; il écoute les bavardages, il est superstitieux, il croit aux rêves. Voici, à ce sujet, un autre fait singulier. Une dame jalouse avait rêvé que son mari la trompait dans un endroit déterminé ; au réveil, elle ne se contenta pas d'avoir une bonne crise de larmes, elle se rendit encore incontinent à la maison désignée pour savoir si son mari n'y entretenait pas une liaison. Cependant tous les jaloux ne poussent pas aussi loin ce besoin de vérification. Il en est, au contraire, qui semblent se complaire dans leur incertitude. Une personne disait à une femme jalouse : « Puisque vous prétendez que votre

mari vous trompe et que vous savez où il est, allez-y
donc voir. — Je n'ai pas le temps, répondit la femme,
il faut que je finisse de lire ce roman. » Et pourtant il
s'agissait d'une jalousie intense qui avait réduit le
mari à l'état le plus misérable, mais je me suis demandé
plus tard si cette femme, qui tyrannisait toute la mai-
sonnée, n'avait pas fini par jouir de la jalousie après en
avoir cruellement souffert. Au reste, et pour les raisons
dites, le jaloux est menteur, calomniateur ; il est même
parfois mythomaniaque ; il invente de toutes pièces des
histoires auxquelles il arrive à croire fermement. Au
cours d'un divorce pour jalousie, le mari raconta sur
la conduite de sa femme des choses si extraordinaires,
à moitié confirmées par certains témoins, que le tribunal
ordonna une enquête et il fut démontré que tout avait
été imaginé par le mari et répété si souvent et depuis
si longtemps autour de lui que quelques personnes en
avaient été impressionnées. La jalousie amoureuse
enfin, bien plus que les autres, est une passion généralement oscillante, paroxysmale ; elle a des hauts et des
bas ; tantôt elle se calme pour un certain temps, tantôt
elle s'exaspère. Quand il en est ainsi, la période de calme
coïncide souvent avec un retour d'amour violent, puis,
brusquement, après un dernier excès, la jalousie reprend
et assez vite atteint son acmé, avec injures, grossièretés,
impulsion à frapper. Les criminalistes, et PROAL en
particulier, ont signalé la fréquence relative des meurtres
après des scènes d'amour et ils ont bien démêlé le rôle
qu'y joue la jalousie. Au surplus, on trouve dans l'histoire des amours de MUSSET et de George SAND l'il-
lustration de ce phénomène.

On ne peut nier que, par beaucoup de ses caractères,
la jalousie s'apparente à la maladie du doute dont elle
représente une forme. Mais il faut reconnaître aussi

qu'elle possède des traits qui lui appartiennent bien ; ,
l'oscillation entre l'amour et la haine en est un, comme
l'alternance des supplications et de la confiance apparente avec les interrogations, les récriminations et les
violences. Malgré tout, vivre avec un jaloux est un
enfer, et il faut à l'autre personne une grande force de
caractère pour y résister.

Enfin la jalousie n'a pas que des oscillations ; elle a
aussi des degrés, et, de par ses affinités morbides, on
peut prévoir la sévérité des plus avancés. Dans une
étude très serrée sur la jalousie (1), le professeur Mairet a distingué d'abord ce qu'il appelle la jalousie
physiologique de la jalousie morbide. Pour cet auteur,
la première est un doute survenant dans l'esprit pour
des raisons précises et légitimes. Nous en avons déjà
parlé ; certes, il y a émotion, mais sans réactions désordonnées ni désadaptation. Est-ce donc vraiment de la
jalousie ? On peut répondre négativement, car le doute
ne devient morbide que s'il s'organise pour des raisons
futiles et se fixe ensuite en idée dominante avec récriminations et agitations. Or, ici le doute est fondé et,
parce que fondé, transitoire, attendu qu'il se transforme rapidement en certitude, d'une manière ou d'une
autre. Il en est tout autrement dans la jalousie morbide,
qui affecte, suivant M. Mairet, trois modalités de gravité croissante : l'hyperesthésie jalouse, dans laquelle
la réactivation du doute se fait de plus en plus facile et
prolongée : c'est la jalousie passionnelle que nous avons
étudiée ; — la monomanie jalouse, par constitution d'une
idée fixe, sur laquelle ni le jugement, ni le raisonnement
n'ont de prise ; — enfin la folie jalouse avec délire complet
et qui peut aboutir à la paranoia. Ces dernières moda-

(1) Montpellier, 1908.

lités ne nous intéressent que parce qu'elles expriment parfois l'aboutissant de la jalousie passionnelle. Celle-ci, qui s'améliore d'ordinaire avec l'état physiologique, l'âge, diverses circonstances, tend à s'aggraver quand le terrain s'y prête. Mais alors elle n'est qu'une manifestation d'un trouble beaucoup plus général et profond s'exprimant par une foule d'autres symptômes.

La jalousie chez la femme. — Entre la jalousie de l'homme et celle de la femme, il y a des nuances plutôt que des différences ; il importe pourtant de les signaler. Si la jalousie est plus fréquente chez la femme, elle y revêt peut-être moins souvent des formes graves, maniaques et délirantes, d'après les statistiques des asiles, constatation qui me paraît exacte. En outre, la jalousie de la femme, bien que tout aussi tyrannique, est moins grossière et moins violente, ce qui dépend de son tempérament. L'homme, et DESCURET l'a bien noté, doute surtout de la fidélité matérielle de la femme, et, plus que celle-ci, se préoccupe de la risée publique ; la femme s'inquiète davantage du cœur de l'homme, dont la possession la tourmente plus qu'une tromperie passagère. Aussi l'homme pardonne-t-il plus facilement à son rival qu'à sa femme, la femme à l'homme qui l'a trahie qu'à sa rivale. Enfin la femme est moins honnête, plus perfide ; ce sont là des traits de son caractère qui s'exagèrent naturellement quand elle est jalouse. Encore que fort bienveillant pour elles, O. FEUILLET était obligé de constater que « les femmes sont à l'aise dans la perfidie comme le serpent dans les broussailles et s'y meuvent avec une souplesse tranquille que l'homme n'atteint jamais (1) ». Elles sont les fabricatrices des affabulations les plus extraordinaires, à quoi les prédisposent leur

(1) Cité par H. MARION, *op. cit.*, p. 164.

esprit communicatif, leurs tendances au bavardage et à l'indiscrétion ; elles enveniment les désaccords les plus simples, dramatisent les actes les plus innocents. On conçoit que, dans ces conditions, la jalousie féminine soit plus implacable (1), ait des conséquences extérieures plus sérieuses. Sans injures, sans voies de fait, elle ruine des foyers plus sûrement que l'emportement de l'homme. Un avocat m'a raconté la triste aventure d'un pauvre employé parfaitement honnête et incapable de la moindre fredaine, qui perdit successivement plusieurs situations et tomba dans la misère parce que sa femme jalouse allait partout et jusqu'à ses chefs se plaindre de la mauvaise conduite imaginaire de son mari.

Caractères des envieux. — La jalousie, même quand elle n'est pas spécifiquement sexuelle, s'applique à une personne déterminée et ne fait intervenir d'autres personnes que par rapport à la première ; cela apparaît nettement dans la jalousie des mères pour leur gendre, des marâtres pour les enfants du premier lit, de l'aîné pour le cadet ou réciproquement, de la seconde femme pour la première..., etc. L'envie, au contraire, est extensive ; elle n'englobe pas qu'une personne, elle en englobe plusieurs simultanément ou successivement, et moins en apparence pour la personne elle-même que pour les relations que l'envieux établit entre elle et ses propres tendances. Telle est la jalousie — plus exactement l'envie — des acteurs, des artistes, des commerçants, des avocats, des savants, des médecins — *individa medicorum pessima* — car il ne s'agit pas d'émulation en

____

(1) La femme est capricieuse par tempérament, ce qui indique une faiblesse générale de la volonté, mais quand la passion l'excite, elle montre une ténacité remarquable. Comme d'ailleurs elle ne sait pas attendre, ses sentiments se manifestent à chaque instant et à toute occasion (MARION, *op. cit.*, pp. 233, 237).

vue d'un perfectionnement, soit personnel, soit général, mais de rivalité concernant le succès, la fortune, les honneurs. La jalousie des jolies femmes est intermédiaire, car si la vanité, l'amour-propre, est son moteur principal, il y entre aussi un élément de concurrence sexuelle. N'oublions pas, en dernier lieu, les jalousies collectives, jalousies de corporations autrefois et de classes aujourd'hui, jalousies de seigneurs, de princes et de rois, jalousies de races qui, justement parce qu'elles sont durables et hypersensibles et aboutissent à la haine, sont à la base des événements les plus sanglants qu'enregistre l'Histoire.

Nous l'avons vu, tous les caractères du jaloux se retrouvent chez l'envieux. Mais l'envie est plus unie, plus stable ; elle présente des oscillations moins marquées, et, qu'elle change ou non de personne, son niveau reste à peu près le même. C'est pourquoi elle se double si souvent de haine, d'une haine classique, préparant et savourant sa vengeance, tandis que les impulsions agressives du vrai jaloux se traduisent plutôt par la colère, état plus violent, mais passager. L'envieux, d'ailleurs, est plus impuissant encore que le jaloux : « il n'aime et ne loue que les morts », disait de lui DESCURET, mais il n'en a pas toujours le sentiment ; de là ses combinaisons pour triompher de ses rivaux et par conséquent une nuance au moins d'ambition, ce qui n'empêche ni la lâcheté de ses actes, ni la bassesse de ses tendances. En résumé, c'est un jaloux dispersif, dont la déviation instinctive est moins profonde, plus établie en surface, ainsi que le prouve la rareté relative de sa transformation en manie et en délire.

*
* *

Influence du milieu et de l'hérédité. — La description
du jaloux et de l'envieux n'est qu'une première étape,
et nous ne sommes pas, à tout prendre, beaucoup plus
avancés quand on a dit que la jalousie est une forme
de la maladie du doute et une expression de la névrose.
Essayons donc de remonter à l'origine des phénomènes
observés, et, dans ce but, commençons par poursuivre
notre enquête en dehors du jaloux que nous venons de
coudoyer.

La jalousie existe probablement chez les animaux
sauvages, sûrement chez les chiens, chats et chevaux,
mais elle semble y affecter assez rarement la forme
sexuelle ; tout à fait anormalement, dans la bestialité,
quand il s'agit de rapports entre chien et femme, on
a pu observer, chez le premier, quelque chose qui se rapproche de la jalousie. Dans les races humaines inférieures,
l'envie apparaît, mais la jalousie est presque inconnue
et les négresses, en particulier, semblent l'ignorer (HA-
VELOCK ELLIS) ; la femme des pays polygames y est,
en tout cas, assez rarement sujette ; l'homme s'y montre
plus disposé, et le petit, le sujet, plus que le grand ou
le chef.

On ne peut pas affirmer que le climat ait un effet
spécifique, il y a des jaloux partout, mais, le fait est dès
maintenant à noter, tous ceux, littérateurs ou mémo-
rialistes, qui ont prétendu les décrire, leur attribuent
à très peu près le même type : personnes mélancoliques,
amaigries, à teint jaunâtre, méfiantes et inquisitrices.
Je veux bien que ce type soit devenu conventionnel,
mais c'est incontestablement une observation exacte qui
en a dessiné les traits essentiels ; la peinture espagnole

surtout, mais les autres aussi, les ont, du reste, fidèlement reproduits. Pourtant gardons-nous d'exagération ; il y a des jaloux de tous les âges, même extrêmement jeunes. Freud, qui va un peu loin, trouve à la jalousie du petit enfant une signification sexuelle, alors qu'il n'est permis d'invoquer qu'une manifestation de l'instinct de conservation personnelle (jalousie à l'égard de la mère, de la nourrice, du père, de la petite sœur ou du petit frère, etc.). Néanmoins, de tous les documents, littéraires, iconographiques ou de simple observation, deux caractères se dégagent et s'affirment, l'aspect particulier et le teint plus ou moins terreux du jaloux, sa faiblesse générale. C'est chez les êtres faibles, enfants, femmes, vieillards, valétudinaires, infirmes, que la jalousie s'observe presque exclusivement.

Cette faiblesse est souvent de date ancienne, et ici intervient l'hérédité. Sur 100 personnes atteintes de jalousie, M. Mairet (1) en trouve 57 ayant des parents vésaniques, 6 des parents névropathes, 8 des parents alcooliques. Mais il s'agit là de jalousie morbide, maniaque ou délirante, et ce qui se transmet, ce n'est pas l'état passionnel, c'est l'instabilité et le déséquilibre nerveux en général. M. de Fleury souligne la fréquence de la jalousie chez les névropathes, surtout héréditaires. Que la simple passion jalouse soit héréditaire parfois, il n'en faut pas douter, quoique le fait se montre assez rare. On a vu cependant le grand-père, le père et le fils en être successivement atteints. La diathèse arthritique intervient alors souvent pour produire, soit l'état névropathique dont la jalousie n'est qu'un épisode, soit l'insuffisance locale et le trouble sympathique qui a la passion pour expression.

(1) *Op. cit.*, p. 125.

Influence des maladies et du tempérament. Observations. — Toute cause d'affaiblissement paraît prédisposante, et M. MAIRET cite notamment le surmenage, la dépression physique, l'alcoolisme, la grossesse, l'allaitement prolongé, la ménopause, et KRAFFT-EBING la métrite chronique et d'autres affections gynécologiques, enfin les infections. M. MAIRET a vu plusieurs fois la première crise de jalousie survenir au cours de la fièvre typhoïde. Rappelons, pour terminer, que les anciens auteurs et DESCURET lui-même insistaient sur l'influence du tempérament bilioso-nerveux et mélancolique et que le changement de temps, les règles, une mauvaise digestion, la dépression qui suit la prise de possession de la personne désirée (TRÉLAT, DOREZ, MAIRET), etc., peuvent être une cause occasionnelle de l'explosion des crises.

Maintenant laissons de côté la psychologie des jaloux, oublions leur passion et étudions-les purement au point de vue somatique. Tous présentent des symptômes communs : amaigrissement, anémie, troubles intestinaux et assez souvent entérite muco-membraneuse avec mauvaise élaboration des corps gras, teint plombé ou subictérique, faiblesse, sentie ou non, mais réelle et prouvée par le dynamomètre, la mesure de la tension et de la pression vasculaire, cette dernière d'ailleurs oscillante et remontant au moment des crises de colère; donc faiblesse irritable et déséquilibre de l'émotivité. En présence de ces signes principaux, quel diagnostic porte le médecin qui est sensé ignorer la jalousie de son client ? N'est-ce pas celui d'intoxication générale par insuffisance hépatique ? Ce diagnostic n'a pas de prétention, mais il cadre avec toutes les circonstances aussi bien héréditaires, arthritisme, alcoolisme, etc., qu'occasionnelles, surmenage, infections, affections locales, règles, fatigues momentanées, etc. Pour le moment tenons-nous-en là.

Mais le psychologue proteste : on prend l'effet pour la cause. Bien que ne poussant jamais très loin l'examen physique et chimique du sang et des urines, l'étude de l'état fonctionnel des viscères, il constate pourtant certains symptômes qui, pour lui, sont secondaires et conditionnés par le trouble névropathique antérieur et autonome. Soit. Pour trancher le différend, revenons à la clinique. Tous les neuropathologistes et les psychiatres s'accordent pour admettre que la jalousie n'est qu'une expression d'un trouble plus général, mais ne nous expliquent pas pourquoi tel névropathe fait de la jalousie et tel autre non. Laissons de côté les formes de manie et folie jalouses, et ne retenons que l'hyperesthésie jalouse de M. MAIRET, voisine de la passion ou même se confondant avec elle. Si ces jaloux nous les améliorons d'abord et sensiblement par un traitement médical, somatique, sans l'intervention d'aucun procédé psychothérapique, ne serons-nous pas en droit de dire que les troubles somatiques sont la raison des troubles mentaux et que ceux-là doivent en conséquence attirer l'attention au moins autant que ceux-ci ?

J'ai recueilli et on m'a communiqué un certain nombre d'observations de jaloux. En voici une qui présente un intérêt particulier. Elle concerne une fillette de 11 ans, Marie, jalouse de sa petite sœur, âgée de 5 ans. Agressive et méchante, elle avait essayé, à la campagne, de perdre sa cadette ; les réprimandes et les corrections ne donnant aucun résultat, ses parents l'emmenèrent voir un spécialiste, qui conseilla l'isolement dans une maison spéciale. Au bout d'un mois, on rendit la fillette ; elle était guérie, avait engraissé et pris bon teint ; mais, huit jours plus tard, les scènes de jalousie recommencèrent.

Cette fois, l'internement dura trois mois, puis quatre ; guérison apparente, puis rechute ; on essaya de la suggestion, sans aucun succès. Peu après se produisit un phénomène singulier. La famille, qui habitait la banlieue de Paris, alla passer quelques mois en Morvan, laissant à la grand'mère la plus jeune fille. Marie devint alors jalouse de son père ; elle maigrit, eut de la diarrhée, des saignements de nez toutes les fois qu'elle avait une crise, si bien qu'on dut appeler le médecin de la localité. C'était un praticien averti, dont j'ai plaisir à citer le nom, le docteur L. GUENOT. Il pensa à une insuffisance hépatique marquée et fit une enquête ; il apprit ainsi : 1º que Marie avait donné les premiers signes de jalousie après les oreillons qu'elle avait eus à l'âge de 7 ans et demi ; 2º qu'elle était restée depuis maigre et jaune de teint, qu'elle mangeait toutes sortes de saletés et buvait du vinaigre ; 3º que, dans l'établissement où elle avait été hospitalisée, on la mettait au repos et au régime lacto-végétarien. Sur ces données, M. GUENOT ordonna le repos, le régime lacté et les extraits hépatiques. En un mois environ, Marie fut guérie non seulement de son foie, mais de sa jalousie tant à l'égard de son père que de sa sœur. Deux mois plus tard, elle retrouva cette dernière, la revit avec joie et, depuis 9 ans, n'a pas cessé, paraît-il, de lui témoigner beaucoup de dévouement et de tendresse.

Les observations suivantes sont également intéressantes, mais à un autre titre : la jalousie, dont l'entourage souffrait, demeura inconnue du médecin traitant. Mme P., 43 ans, fille d'un père hépatique ; formation difficile, maigreur habituelle, caractère méfiant ; la jalousie apparut à la suite d'une grande émotion qui détermina, dit-elle, une « révolution de bile ». De fait, son teint devint progressivement subictérique ; elle eut de la diarrhée, quelques pétéchies aux jambes et aux cuisses, des démangeaisons. La famille s'inquiéta et appela le médecin. Grâce au régime et au traitement hépatique, la malade guérit en quelques semaines de tous ses troubles. Une autre dame, 33 ans, hérédo-arthritique, père goutteux, était en proie à de perpétuelles névralgies, qui l'empêchaient de satisfaire son mari plus jeune qu'elle et dont elle était très amoureuse : c'est là, affirmait-elle, ce qui avait déclenché sa jalousie. Elle épuisa en vain toute la série des analgésiques, eut recours à l'électricité ; une analyse d'urine mit dans la bonne voie en montrant de l'insuffisance uréopoïétique et un petit diabète à cycle alimentaire. Deux cures de GUELPA, un régime à prédominance lacto-végétarienne et l'opothérapie hépatique triomphèrent simultanément de la céphalée et de la jalousie. Le dernier cas est relatif à un homme de 47 ans, industriel très occupé et surmené. Pas d'antécédents familiaux connus, mais il eut la jaunisse étant jeune. C'est à la suite d'une grippe, qui le laissa très affaibli, qu'il devint jaloux de sa femme, plus jeune que lui de 15 ans. L'état empirant, — grand amaigrissement, anémie, tristesse, insomnie, — un professeur de la Faculté de Paris fut appelé en consultation. De l'examen du foie, petit et ramassé, des urines, des selles, du sang, il conclut à l'anhépatie, peut-être d'origine infectieuse. Il y a des années que M. de FLEURY a montré l'action favorisante de la grippe sur la jalousie. Quoi qu'il en soit, un régime doux, l'opothérapie biliaire puis hépatique totale améliorèrent assez rapidement le malade qu'un séjour dans le Midi avec sa femme acheva de guérir de tous ses maux.

Discussion pathogénique. — Dans les observations précédentes, le rôle du foie est évident ; la dyshépatie est essentiellement déprimante, parce que, altérant la

fonction antitoxique de la glande, elle abaisse le seuil
de la fatigue. On comprend que l'intérêt principal de
ces observations réside dans ce fait que l'insuffisance
et la jalousie ont été simultanément guéries par un
simple traitement médical approprié.

Mais il s'en faut de beaucoup que, dans tous les cas
de jalousie et d'envie, les signes hépatiques soient aussi
patents ; les psychologues affirment même qu'ils n'existent pas. A cela, on peut justement répondre qu'ils ne
les recherchent pas avec une suffisante précision, —
ma première observation en est la preuve, — car ils ne
se préoccupent que des phénomènes psychologiques
détachés en quelque sorte de leurs conditions anato-
miques. Quand ses névropathes ne guérissaient pas
par le repos dans un lit clos de rideaux, DEJERINE les
classait parmi les fous, sans s'inquiéter autrement de
leurs réactions viscérales. C'est un procédé commode et
expéditif, mais qui n'apporte aucune solution au problème.

Nous devons cependant tenir compte des objections
et nous efforcer de les résoudre. Des jaloux guérissent
spontanément en apparence par l'effet de l'âge ; d'autres,
par le simple éloignement de la personne ou le changement de milieu ou quelque procédé psychothérapique.
Tout cela, au fond, ne prouve pas grand'chose ; l'examen
clinique est incomplet ou, s'il est suffisant, mal interprété ; les modifications urologiques, par exemple, sont
regardées comme un effet, et on s'en préoccupe bien moins
que du trouble psychologique, sans pourtant les négliger toujours absolument, et alors on attribue à la psychothérapie ce qui revient principalement à la thérapeutique
médicale. L'amélioration de Marie pendant qu'elle était
dans sa maison de cure résultait beaucoup plus du repos
et du régime lacté que des excellents conseils qu'on

lui donnait, mais qu'elle ne se trouvait pas en mesure de suivre. D'autre part, les troubles sympathico-viscéraux et hépatiques ne s'affirment pas forcément par des symptômes très marqués ; bien des gens en sont longtemps victimes sans s'en douter ; sous l'influence d'un changement de régime ou de milieu, d'un séjour à la campagne dans de meilleures conditions hygiéniques, ils peuvent s'amender et disparaître, amenant du même coup la suppression de la déviation instinctive. Enfin, pour que la jalousie s'installe, il faut que les circonstances orientent dans ce sens la dépression mentale causée par l'insuffisance viscérale, et si ces circonstances viennent à changer, il y a transfert de la jalousie à une autre personne, ou, d'ordinaire, transformation de la jalousie en une autre déviation ou encore disparition de la jalousie.

Ceci nous conduit à examiner une autre question. Dans la jalousie, comme dans toutes les autres passions, il y a en jeu un mécanisme psycho-viscéral en vertu duquel le trouble somatique originel retentit sur les centres cérébraux et les met dans un certain état de déséquilibre ; c'est tantôt l'hyperesthésie gustative du gourmand ou l'hyperesthésie sexuelle du libertin, tantôt l'impuissance du paresseux ou le doute du jaloux. Mais, de cet état ainsi créé, ce sont les circonstances individuelles ou extérieures qui font ensuite la forme particulière. Quand le psychisme d'un individu est troublé par la déficience de la fonction antitoxique du foie, par exemple, consécutive à un surmenage, à une intoxication, à une infection, quand il devient incapable de coordonner convenablement les éléments de la conduite, il a un sentiment de diminution et d'incertitude mais ne fait précisément de la jalousie que s'il est, par ailleurs (excitation sexuelle, vanité blessée, etc.), en mesure de la faire, sinon il fait une autre forme du doute. C'est ce qui rend compte d'un phénomène signalé déjà par les magnétiseurs et par Charcot, à savoir que, parfois, un trouble névropathique guéri, là, par un procédé psychothérapique quelconque, réapparaît un peu plus loin sous une autre forme. En effet, la cause restant toujours agissante, la conséquence continue de se manifester tout en changeant de place, comme un furoncle guéri au cou par les topiques reparaît ailleurs, si on ne s'attaque pas à la staphylococcie.

Si donc l'insuffisance hépatique, quel que soit son mode, produit généralement la dépression et la tristesse, elle n'entraîne pas obligatoirement la jalousie ou l'envie, on le sait du reste, parce qu'il faut un élément surajouté, occasionnel, qui cristallise cette dépression et ce doute sous l'aspect de jalousie. En ce sens, les neurologistes et les psychiatres ont raison de considérer, chez les grands névropathes, cette passion comme une expression de la dépression générale. Cependant la réciproque n'est pas vraie, parce que, s'il y a jalousie, il y a toujours trouble sympathico-hépatique sous-jacent, non pas consécutif à la passion, mais antécédent : deux preuves, longuement exposées ci-dessus, le démontrent, et il suffit maintenant de les rappeler pour leur donner toute leur signification : 1° toute cause d'insuffisance hépatique prédispose à la jalousie, et si celle-ci est si fréquente chez les hérédo-arthritiques, cela tient à ce que la diathèse attaque de très bonne heure le foie, comme l'a signalé F. Glénard ; 2° le traitement de l'hépatisme suffit à lui seul à améliorer la jalousie, la psychothérapie ne faisant ensuite que hâter la guérison.

***

Conséquences de la jalousie et de l'envie. — « Lorsque la jalousie saisit ces pauvres âmes faibles et sans résistance, a dit MONTAIGNE (1), c'est pitié comme elle les tiraille et tyrannise cruellement. » Très malheureux, en effet, est le jaloux, mais il n'est pas seul à souffrir ; il fait aussi pâtir ceux qui l'entourent et contre lesquels sa passion s'exerce. D'où les conséquences pour la personne et pour la collectivité.

Le tourment moral est si grand, si absorbant, qu'il rejette dans l'ombre les douleurs physiques. Il est rare, en somme, qu'un jaloux ou qu'un envieux se plaigne de sa santé ; il est trop préoccupé par son doute, par les ruminations et les inquisitions auxquelles il donne lieu, et si ses proches se rendent mieux compte de son affaiblissement, ils l'attribuent à son état mental et attendent la guérison de l'amélioration de celui-ci. De fait et pratiquement, la jalousie passionnelle s'éteint parfois d'elle-même sous l'influence des circonstances diverses qui ont été mentionnées ci-dessus. L'envie semble plus résistante et peut persister jusqu'à la mort, entraînant une véritable cachectisation. Ce n'est que chez les névropathes profondément tarés que l'on voit la jalousie évoluer vers le délire des persécutés-persécuteurs ou aboutir au suicide.

Socialement, les conséquences de la jalousie et de l'envie apparaissent bien plus sérieuses : elles troublent les ménages, les relations sociales ; elles peuvent nuire par les calomnies qu'elles répandent, les entreprises auxquelles elles se livrent. Vivre avec les jaloux et les

____

(1) *Essais,* livre III, chap. v sur des vers de Virgile.

envieux est insupportable, mais expose en outre à d'autres risques. On ne peut pas du tout prévoir à quelles
violences un jaloux va se livrer au cours d'une crise :
les voies de fait sont fréquentes, et nous avons signalé
les relations de la jalousie amoureuse et du meurtre.
Malheureusement, l'isolement ou l'internement ne peut
être requis qu'après les sévices accomplis. Dans la statistique des divorces, cette passion tient une place assez
importante, et cette place n'est pas moindre dans celle
des délits par coups et blessure ; sans doute la colère
en est le facteur immédiat, mais la jalousie en demeure
souvent le mobile premier. Il est fâcheux qu'aucune
statistique possible ne permette d'apprécier les conséquences de l'envie et de la haine d'une marâtre pour ses
beaux-enfants, d'une belle-mère pour son gendre, d'un
politicien, d'un commerçant, d'un médecin pour tels
ou tels de leurs confrères, mais chacun en a eu des
preuves sous les yeux et peut ainsi mesurer les désordres
et les retentissements, plus étendus et plus profonds
encore dans nos pays démocratiques où la presse est
à qui la paie et le pouvoir livré aux intrigues des arri-
vistes.

Traitement de la jalousie. — Que la jalousie (ou l'envie)
constitue toute la déviation instinctive ou qu'elle soit
une expression, à côté de beaucoup d'autres, de l'état
névropathique, on admet qu'elle relève avant tout du
traitement moral. Les anciens observateurs, patients
et moins embarrassés de systèmes, étaient plus éclec-
tiques. Rattachant la jalousie à ce qu'ils appelaient
un peu vaguement le tempérament bilioso-nerveux,
ils ne se contentaient pas des bons conseils et de la sépa-

ration ; ils prescrivaient aussi un régime doux et sédatif et avaient reconnu les effets salutaires parfois des cholagogues. DESCURET conseillait lui aussi une alimentation rafraîchissante, de l'eau comme boisson, et interdisait les substances excitantes, le café, le thé, et aussi la saignée et les purgatifs. Tout dernièrement, M. BOIGEY recommandait également cette diététique. D'après les résultats auxquels a conduit la conception pathogénique exposée précédemment, nous pouvons maintenant préciser et compléter ce traitement.

Le régime alimentaire a une grande importance, en raison des troubles digestifs dont souffre si souvent le jaloux et de son affaiblissement. Cependant l'indication la plus pressante est quelquefois l'état d'intoxication, auquel on remédie par le repos et le régime lacté et même la cure de GUELPA, que la dépression du malade ne contre-indique nullement, quoi qu'on en pense; il faut seulement en surveiller de près les effets. Par suite de la déficience hépatique, le régime lacté ne doit pas être continué trop longtemps, mais remplacé par le régime mixte, très sobre, dont, en cas d'hérédo-arthritisme, la modalité variera, œufs, légumes et pâtes si le sujet est acidémique, viande grillée et fruits s'il est alcalinémique. Une telle diète régularise les fonctions digestives et, associée au repos relatif, en tout cas à la suppression de toute fatigue, assagit les réactions sympathiques.

Pour calmer la violence des crises, M. MAIRET autorise les bromures ; en fait, ils abrutissent le malade et leur action s'épuise vite quand elle n'est pas entretenue. Ces médicaments, purement symptomatiques d'ailleurs, ne me paraissent donc pas du tout indispensables. Il n'en est pas de même de l'opothérapie hépatique totale (de préférence à la seule opothérapie biliaire) qui, dans la plupart des cas, apporte une amélioration rapide et parfois décisive. Agit-elle toujours aussi heureusement? Hélas, non. Chez quelques jaloux, assez rares du reste, cette médication est assez mal tolérée et exerce moins d'influence que le régime et le repos. Quant aux exercices physiques, ils doivent être modérés au début et considérés surtout comme des éléments de distraction.

La médication psychologique. — On a vu que le traitement somatique peut suffire, à lui seul, à amener la guérison. C'est là néanmoins une exception, et il serait imprudent de la généraliser. Il se crée, en effet, sous l'influence de troubles sympathico-viscéraux, des habitudes mentales, qui peuvent persister et qu'il convient de dissocier, en supprimant ce qui les entretient et en en favorisant d'autres ; mais, il ne faut pas se lasser de le rappeler, ce résultat sera plus facilement obtenu quand on aura déjà modifié la cause originelle de l'état psychique général, de la dépression et du doute.

Abstraction faite des formes maniaques et délirantes, dans lesquelles la suggestion hypnotique, l'esthésiogénie, l'internement peuvent être essayés ou rendus nécessaires, la première mesure à prendre, dans les formes simplement hyperesthésiques et passionnelles, est l'éloignement. Tous les auteurs, M. MAIRET notamment, en ont signalé les bons effets. Mais il y a l'éloignement du jaloux lui-même, mesure radicale, et l'éloignement de la ou des personnes qui sont le motif ou l'objet de la jalousie, et le choix entre ces deux moyens ne saurait s'inspirer que des circonstances. A ce propos, M. Ch. FIESSINGER recommande justement au médecin d'enquêter sur l'entourage, car il peut y avoir des personnes intéressées à entretenir la jalousie, et c'est de celles-ci dont l'éloignement doit s'imposer tout d'abord.

La seconde indication est de créer de nouvelles habitudes mentales, tâche plus difficile. Au début, on se borne à compatir et à nier avec force sans s'attarder à des raisonnements, surtout s'il s'agit d'une femme, car ils n'ont aucune prise sur l'idée du jaloux. Chez certains envieux, quand l'éloignement ne peut être pratiquement opéré parce que les choses (honneurs, fortune, etc.) sont en jeu et que les personnes qui en sont le support échappent à toute contrainte, on est réduit à la sympathie et à la négation pure, mais seulement pour un temps que mesure une connaissance plus approfondie du caractère. Cette connaissance va permettre de localiser la blessure d'amour-propre, le sentiment d'humiliation, d'impuissance, de crainte, et de s'y attacher pour les redresser positivement. Dans ce but, M. BOIGEY propose de faire intervenir les *antagonistes*, c'est-à-dire les qualités que possède le sujet et qui, louées opportunément, peuvent dissocier son idée dominante, la « drainer », au bénéfice d'idées nouvelles et plus tendues, ce qui suppose évidemment un relèvement préalable de la dépression générale. Une collaboration éclairée de l'entourage, et d'un entourage sélectionné avec soin, devient alors indispensable pour entretenir ces nouvelles habitudes. Toutefois, on se gardera d'aller trop loin dans cette voie, et la tendresse, la patience, la douceur importent plus qu'un éloge exagéré que le jaloux ou l'envieux n'est que trop vite disposé à croire. Au relèvement de la dépression doit contribuer le travail. Le doute est lié à un sentiment d'impuissance, et rien ne contribue autant à atténuer celui-ci que l'exécution du travail physique et intellectuel, car elle met en jeu des mécanismes psycho-physiologiques qui tendent à accroître la force, la sûreté et la confiance. A la vérité, comme l'a remarqué FOREL, le bénéfice dépend en partie de l'intérêt que le sujet porte au travail, et c'est ce qui rend délicat et important le choix de la distraction.

Chez les enfants, qui ont si souvent de petites jalousies, l'éducation proprement dite joue un rôle à la fois prophylactique et curatif. M. FOVEAU de COURMELLES a, dans un travail intéressant (1), rapporté le programme d'une école libre, dont j'extrais le passage suivant : « Nous voulons substituer à l'intérêt particulier le bien commun, aux préoccupations personnelles et à l'égoïsme le sentiment du devoir et l'esprit de solidarité. Nous évitons d'employer les moyens d'émulation qui n'agissent d'ordinaire que sur un nombre restreint d'élèves, dont ils surexcitent la vanité tout en provoquant la jalousie et parfois la haine chez les autres... » Voilà qui est bien dit, et cette méthode d'éducation, mise convenablement en pratique et renforcée par l'exemple (à l'école et à la maison), ne peut donner que d'excellents résultats. Cependant il faut toujours compter avec l'hôte, j'entends le trouble somatique qui, installé par des causes étrangères, peut créer des dispositions favorables à la jalousie. Insuffisante serait donc cette méthode, si le médecin scolaire n'y introduisait son enquête préalable et ne mettait en œuvre, le cas échéant, toute la thérapeutique nécessaire. La passion est dans le cerveau, mais dans le cerveau dont certains neurones ont été modifiés par des chocs physiques ou des changements chimiques du milieu vital.

(1) De l'utilisation des instincts (*Ann. de médecine et de chirurgie infantiles*, janv. 1903).

CHAPITRE VI

LA COLÈRE

La colère et l'instinct de conservation. — Contre les agressions extérieures, l'instinct de la conservation personnelle réagit par deux sortes d'émotions : l'une passive, la peur, l'autre active, la colère, celle-ci s'exprimant par l'attaque et celle-là par la fuite. Ce sont là des procédés de défense qui, fort complexes chez les animaux supérieurs en raison de l'intervention du système nerveux central, se réduisent peut-être, chez les êtres élémentaires, à des actions chimiotactiques et à des sensibilités différentielles.

La colère, que, seule, nous avons à étudier, s'observe couramment chez les animaux avec lesquels nous vivons en familiarité dans trois cas principaux : quand la proie est assez vigoureuse pour se défendre, quand il y a lutte pour la possession d'une proie ou d'une femelle, quand nous les agaçons et les tourmentons. Il en est de même chez l'homme ; mais, le champ des besoins y étant plus étendu, la possibilité de heurts plus fréquente, les motifs de colère se multiplient presque à l'infini. Toute *contrariété* (l'étymologie de ce mot en précise le sens), injustice, menace, jalousie, privation d'un bien, empêchement pressenti ou réalisé à l'accomplissement d'un désir ou d'un acte, ruines de projets, d'entreprises, etc., devient capable, par l'obstacle qu'elle dresse à nos tendances, de déclencher une émotion violente dont l'effet est de tendre les forces internes en vue de vaincre la difficulté.

La crise de colère. — Maintes fois décrite depuis SÉNÈQUE, elle se manifeste extérieurement par des signes à peu près constants : le visage s'empourpre, le cou se gonfle, les veines apparaissent sous la peau, au front surtout, le regard étincelle, les narines palpitent et se dilatent, les yeux sortent, pour ainsi dire, des orbites, les lèvres sont tantôt pincées, tantôt rétractées et découvrent les dents, la mâchoire inférieure est projetée en avant ; en même temps, le cœur bat avec violence et la respiration devient haletante. Tout le corps est tendu pour la lutte et, aux mots furieux, prononcés, criés d'une voix saccadée et rauque, s'ajoutent l'agitation, les trépignements, le geste irrésistible qui brise, qui frappe et qui, quelquefois, tue. Telle est la colère *rouge*, caractérisée par la congestion du visage. Mais il y a aussi une colère *blanche*, dans laquelle la face peut être d'une extrême pâleur, avec yeux fixes, mâchoires serrées, pouls petit, rythme cardiaque désordonné et parfois comme suspendu, silence impressionnant, agitation contenue et intérieure amenant d'un coup l'acte brutal.

A ces signes extérieurs président des phénomènes profonds. D'après LANGE, le syndrome essentiel et presque pathognomonique de la colère serait la dilatation des veines et la congestion de la face, qui paraissent pourtant manquer dans la colère blanche ; mais Gilbert BALLET a montré que, dans toute colère, la figure pâlit au début, au moment de la contrariété, puis rougit ensuite plus ou moins vite. La différence entre les deux

colères tiendrait donc à l'état de la vaso-motricité. C'est
que, en effet, les variations de la tension sanguine jouent
un rôle capital. M. de FLEURY a établi que cette tension
subit d'abord un léger fléchissement, qui correspond à
la pâleur périphérique avec congestion viscérale, puis
la tension augmente progressivement jusqu'à une certaine limite, ordinairement l'acte brutal, à partir duquel elle diminue et peut même tomber au-dessous de
la normale avant de regagner son niveau habituel. Ces
oscillations s'observent aussi bien dans la colère blanche
que dans la colère rouge ; mais, dans la première, l'ascension est à la fois plus tardive et plus brusque. Ce
phénomène essentiel rend compte de tous ceux qui l'accompagnent, accroissement énorme de la force musculaire mesurée au dynamomètre qui rend le coléreux
quelquefois si difficile à maîtriser, augmentation de diverses sécrétions, notamment de la salive, d'où l'expression populaire, « écumer de colère, baver de rage ».
BICHAT, TROUSSEAU soutenaient même que la colère
rend la salive toxique, ce qui n'a jamais été prouvé.
Son action sur la sécrétion biliaire est encore discutée,
LANGE la nie ; cependant on a vu quelquefois des personnes, après de violentes colères, avoir des vomissements et des diarrhées bilieuses ou encore faire de l'ic-
tère. Enfin nous avons l'observation de cette nourrice
dont les crises de colère déterminaient le lendemain,
chez son poupon, une intoxication d'origine lactée, avec
diarrhée, vomissements, état fébrile.

A ces troubles physiologiques, il y a des concomitances
psychologiques assez particulières. C'est ainsi que la
volonté subit une certaine obnubilation, que les actes
ne laissent dans la mémoire qu'une empreinte incomplète, que le champ de la conscience se rétrécit. Et plus
la crise est forte, plus ces modifications s'accentuent,

vérifiant cette loi que la conscience s'affaiblit en raison directe de la violence des mouvements exécutés (1). En outre, et par le fait peut-être de ce rétrécissement, on constate une sorte d'anesthésie. Dans la colère, on ne ressent pas les coups qu'on reçoit et les blessures les plus graves sont supportées stoïquement. On ne s'en aperçoit et on n'en souffre qu'après.

Car la crise est de courte durée. Le geste brutal, effectué et approprié ou non (frapper son adversaire ou des êtres sans défense, briser un objet, etc.), y met fin et produit la détente, c'est-à-dire que l'excitation montée à son paroxysme se calme et fait place à une dépression notable, avec tremblement de fatigue, diminution de la tension vasculaire, lourdeur de tête, besoin de repos et de sommeil ; la respiration et le cœur reprennent leur rythme, le visage se décongestionne, bien que les traits restent tirés, et tout rentre dans l'ordre.

En résumé, toute crise de colère comporte trois phases : une phase de fléchissement de la tension, consécutive à la contrariété et accompagnée d'un sentiment pénible ; une phase de tension réactionnelle croissante, accompagnée d'agitations extérieures ou internes, irrésistibles, vaguement conscientes, dont on peut ne pas se souvenir et qui aboutissent, après un acte terminal quelconque, à la détente, troisième phase qui ramène petit à petit l'organisme à son état normal.

Interprétation des phases. — Nous avons décrit la crise de colère sans tenter de l'expliquer : ce sera pour plus tard. Il convient cependant de rappeler l'interprétation qu'on en a donnée et principalement Th. Ribot, auquel est emprunté l'exposé suivant .

Le mécanisme psychique du sujet, monté en vue d'un

<hr>

(1) Th. Ribot, *Psychologie des sentiments*, 1908, p. 231.

certain résultat, se voit opposer une circonstance qui
empêche son jeu régulier ; il y a rupture d'équilibre et
dépression pénible : c'est le premier moment (1re phase).
Mais l'influx nerveux, arrêté dans son cours, s'accumule
et, sa tension allant en croissant, le sujet éprouve l'irrésistible besoin de dépenser cet excès de force ; c'est le
second moment, sthénique, amenant la réaction offensive, et qui est ressentie d'une manière plus agréable
que douloureuse, ainsi que l'indiquent les jeux de physionomie si bien rendus par MANTEGAZZA et surtout
par J. FRAPPA. Dans la réaction offensive, l'influx nerveux accumulé s'est tout entier dépensé, et une dépression se produit ; c'est le troisième moment, accompagné
d'états psychiques complexes et successifs, car, aux
sentiments sthéniques, vengeance satisfaite, plaisir du
triomphe, joie de voir souffrir (*Schadenfreude* des Allemands), s'ajoutent ou peuvent s'ajouter bientôt les sentiments dépressifs, la honte, le remords, la souffrance, etc.
Bref, comme le dit Th. RIBOT (1), « la colère est une émotion mixte, elle n'appartient pas tout entière à la catégorie des états de conscience pénibles, quoique ceux-ci
prédominent ».

Si ingénieuse qu'elle soit, cette interprétation ne
saurait nous satisfaire, car l'introduction de l'influx nerveux ne fournit en réalité aucun élément explicatif. L'influx est une modalité physique dont nous ne connaissons
point la nature exacte, et dire qu'il s'arrête, s'accumule,
se dépense et s'épuise n'a pas de signification beaucoup
plus précise que de parler d'une tension psychologique
qui baisse ou qui monte. Ce sont des expressions
imagées auxquelles nous nous tiendrons cependant
jusqu'à ce qu'une étude physiologique plus serrée ait

_____

(1) *Psychologie des sentiments*, p. 228.

fourni le moyen de mettre des choses réelles sous ces mots.

Formes psychologiques de la colère. — Restant donc pour le moment dans le domaine de la psychologie, nous distinguons trois formes de la colère, représentatives de son évolution « phylogénétique » chez l'animal et l'homme. La forme animale ou de l'*agression réelle* répond à la description donnée ci-dessus, mais elle peut ne pas en comprendre tous les éléments psychologiques chez les races inférieures ou bien passer à la colère pathologique. Dans la forme affective ou de l'*agression simulée*, les agitations, les injures, les menaces dominent la scène, mais la brutalité finale manque, au moins contre l'auteur de la contrariété. C'est la forme humaine la plus ordinaire, mais elle a tendance, si elle se répète, à passer à l'agression réelle. Enfin, dans la forme intellectuelle ou de l'*agression différée*, l'expression de la colère est plus ou moins réfrénée à l'intérieur par le fait de l'éducation ; il n'y a pas de violences extérieures ; tout se borne à des contractions fibrillaires, à quelques mouvements spasmodiques, crispation ou tremblement, pâleur. C'est la *colère rentrée.* On y observe une sorte d'inversion des oscillations de la tension psychologiques en ce sens que, si l'influx accumulé (?) ne se dépense pas en agitation dirigée par le patient contre lui-même (se mordre les poings, s'arracher les cheveux, frapper du pied, gémir, etc.), il se disperse plus ou moins en agitation mentale sans grande dépression immédiate. De là, trois issues à cette dernière forme : ou bien un sentiment de satisfaction, la joie d'avoir triomphé de sa passion, qui renforce contre une crise ultérieure ; ou bien un sentiment de non-réussite, d'impuissance, d'inquiétude pouvant aboutir à la psychasthénie et à la colère morbide ; ou bien enfin à un certain état permanent qui se confond avec la haine.

La haine. — DESCURET avait soutenu que la colère passée à l'état chronique devient de la haine, dont la crise s'exprime par la vengeance constituant une véritable détente ; mais cette conception ne paraît pas avoir été complètement admise. Voici, en effet, ce que Th. RIBOT dit de la haine : « Lorsque, réellement ou en imagination, on est ou se croit lésé, humilié, méprisé, persécuté, l'antipathie (1) s'affirme, ayant un objet précis et des raisons particulières ; elle s'attache à une personne, se renforce par accumulation, devient stable, obsédante et acquiert tous les caractères de la passion (2). » Par conséquent, la haine est un complexe de deux tendances différentes, l'une statique, de répulsion, l'autre dynamique et intermittente, d'agression. Mais, d'une part, à la source de la haine, il y a toujours une ou des contrariétés ; de l'autre, l'antipathie, le sentiment de répulsion, existe nettement dans la colère, surtout dans la forme différée. Supposons ce sentiment perpétué, entretenu par des contrariétés effectives ou imaginaires, nous avons la haine, c'est-à-dire une émotion fixée, un état émotionnel ayant même origine, mêmes caractères, même terminaison que la colère, avec cette différence qu'au lieu d'une agression brutale suivie de dépression, on peut avoir une vengeance lentement et progressivement montée dont la satisfaction procure, pendant un certain temps, une impression de puissance, de plénitude et de joie.

(1) Ni la sympathie, ni l'antipathie n'ont été jusqu'ici expliquées. Il y a, en elles, des attractions et des répulsions, c'est un fait, mais quelle en est l'origine ? La théorie de HERBART (luttes de représentations, états de conscience assimilés à des forces, etc.) n'est qu'une interprétation verbale. M. PIERRE JANET (*op. cit.*, III, p. 221) considère qu'un individu est sympathique ou antipathique à un autre suivant que, psychologiquement, il est fort et rapporte, ou faible et coûte à celui-ci. Mais les plus forts ne connaissent-ils pas de gens antipathiques et la haine ne peut-elle pas être réciproque ?
(2) *Essai sur les passions*, p. 88.

Les idées de M. Pierre Janet ne nous éloignent pas de cette interprétation, qui est, en somme, celle de Descuret. « Quand un individu nous résiste et n'accomplit pas l'action que nous ordonnons, écrit-il (1), il nous cause une gêne, il arrête le développement d'une tendance qui était éveillée en nous et, par la lutte qu'il nous fait entreprendre, il nous contraint à une certaine dépense de force... Pour un individu déprimé, cette dépense est ruineuse, elle abaisse encore le niveau mental, elle fait naître les craintes de mort et les angoisses. Le sujet tout naturellement cherche à écarter définitivement, à faire disparaître de son horizon cet obstacle, cet individu qui le met en danger ; c'est alors la haine. » Ne retrouvons-nous pas là tous les éléments de la colère différée et fixée et, en quelque sorte, chronique ? Mais, comme il s'agit de névropathes, M. Pierre Janet nous fournit une précision nouvelle. En effet, chez les psychasthéniques dont l'énergie est insuffisante, tout se borne à des dénigrements, des récriminations, des menaces, des méchancetés ; chez l'individu énergique, il y a tendance à l'acte violent, à la colère brutale et meurtrière. D'où cette indication, confirmée par l'expérience, que la haine se rencontre de préférence chez celui qui ne peut pas faire les frais de la grande dépense qu'entraînent les crises de colère. Ainsi s'affirme, entre la haine et la colère, la différence, non essentielle mais de modalité, qui oppose, en pathologie, l'état chronique à l'état aigu.

Colère pathologique et colère physiologique. — On a vu que les colères, et surtout la colère à forme d'agression réelle, peuvent conduire à la colère pathologique. C'est un degré de plus. Qu'est-ce donc que la colère pathologique ?

____

(1) *Op. cit.*, II, p. 158.

On l'observe, à titre épisodique, chez beaucoup de malades, les épileptiques, les maniaques, les paralytiques généraux, les persécutés, encore qu'elle soit devenue moins fréquente depuis la suppression des contensions excessives dans les asiles, mais elle peut aussi constituer, comme l'a montré Gilbert BALLET (1), une espèce morbide, caractérisée par la fréquence et la facilité des crises qui se déclenchent « pour un rien ou même sans raison », leur extrême violence, le rétrécissement marqué du champ de la conscience, l'obnubilation du raisonnement et des sentiments moraux. Un tel coléreux n'écoute pas ce qu'on lui dit, son esprit est concentré sur les idées qui le dominent et se livre à des interprétations transitoires et vite oubliées qui « surgissent au cours de son paroxysme coléreux et paraissent n'être que des interprétations de circonstance conçues pour légitimer l'exaltation émotionnelle ». Or, cette colère pathologique, exagérant les caractères connus de la colère et y ajoutant ceux qui lui sont propres, est l'aboutissant de deux prédispositions : d'une part, et exceptionnellement d'après Gilbert BALLET, celle qui crée l'épilepsie, les névroses et les psychoses ; de l'autre, celle qui résulte de la colère habituelle ou, pour parler comme autrefois, du tempérament coléreux. Il nous suffira, pour le moment, de signaler ces relations.

A l'autre extrémité, et, pour ainsi parler, au seuil de la colère, figure ce qu'on a appelé la *colère physiologique*. Il me semble que l'on commet, à son sujet, une confusion. M. de FLEURY et Gilbert BALLET lui reconnaissent, en effet, les caractères décrits plus haut et admettent qu'elle se développe de préférence sur le terrain de la constitution émotive telle que la conçoit M. DUPRÉ ; elle ne

(1) *Paris médical*, 5 octobre 1912.

se distinguerait donc de la colère morbide que par la
valeur du motif et la rareté de la crise. Mais sommes-
nous toujours capables d'apprécier correctement la
valeur du motif et, si la crise est rare, n'est-ce pas
parce que la tension nerveuse ne peut pas toujours
atteindre le niveau voulu et se dépense seulement en
impatiences et en récriminations ? A mon avis, la colère
physiologique est autre chose. Nous ne pouvons toujours
empêcher l'émotion de colère, qui est un procédé de
défense, mais l'éducation nous permet de l'adapter à
sa fin ; ni le raisonnement, ni la volonté ne sont obnu-
bilés et le champ de la conscience n'est rétréci que dans
la mesure nécessaire pour obtenir le résultat qui importe ;
il peut y avoir agression effective et violente, avec voies
de fait, mais sans agitation inutile, trépignements,
injures, etc. Enfin, on observe une courbe analogue des
oscillations de la pression vasculaire et de la force musculaire ; toutefois, la dépression finale est moins marquée, plus lente à s'établir, parce que la dépense est
réduite à l'indispensable et que, au lieu de sentiments
pénibles, on éprouve de la satisfaction et la joie du
triomphe. En somme, c'est un mécanisme souple, qui,
en face d'un obstacle, ne subit pas d'arrêt, mais se plie
à la circonstance et s'y adapte et proportionne son effort
au but (1). On ne peut nier que ce soit de la colère,
puisque c'est une émotion de défense active, mais c'est
une colère éduquée par un système nerveux bien équilibré, et ainsi appropriée à son rôle de protection et
de conservation. A aucun titre, elle ne représente une
déviation instinctive et, par conséquent, nous n'avons
pas à la considérer davantage.

(1) Cf. J. Laumonier, la Colère et son traitement (*Bull. gén. de thérapeutique*, 8 sept. 1910).

***

Conditions favorables à la colère. — De la psychologie, il faut maintenant passer à la physiologie. Nous avons signalé, à côté des modifications mentales, des modifications physiologiques qui en sont inséparables. Quelle est la nature de leurs rapports et lesquels commandent en réalité les autres?

La colère n'est pas un état permanent ; elle a un caractère essentiellement intermittent et paroxystique. Le premier point est donc de déterminer autant que possible les diverses circonstances qui paraissent favoriser l'explosion de la crise.

Depuis longtemps, on a noté l'influence de la chaleur et de l'état électrique ; par les temps orageux, les crises de colère se montrent notablement plus fréquentes. C'est que la tension électrique amène un état de malaise en augmentant l'irritabilité des nerfs, comme on le voit chez les émotifs qui sont particulièrement sensibles à cette action ; ils s'agitent ou sont prostrés quand le temps menace, mais se trouvent soulagés après l'orage. La chaleur humide a à peu près les mêmes effets, mais par un autre mécanisme, car elle gêne la transpiration, élève la pression sanguine et congestionne le cerveau. Or LANGE soutenait que la colère résulte de la vaso-dilatation des artères cérébrales. Cette opinion a été critiquée ; cependant l'autopsie des gens morts au cours d'une crise, par apoplexie, prouve que, dans certains cas, il en est bien ainsi.

L'influence du climat tient probablement aux facteurs précédents. On sait que les gens du Midi sont plus emportés que ceux du Nord. Est-ce affaire de race ou de climat ? La question demeure complexe. Il y a des races méridionales fort placides ; le jaune est froid et impassible, le Malais l'est beaucoup moins ; cela dépend aussi du degré de civilisation. En ce qui concerne les peuples de l'Europe, et abstraction faite de ce dernier facteur et de la température, il faut sans doute faire intervenir la luminosité. Londres a une luminosité annuelle qui atteint à peine le tiers de celle de Naples. Or, normalement, l'obscurité est déprimante, la luminosité excitante. Ces diverses conditions ont évidemment pu façonner à la longue certaines dispositions et les rendre héréditaires, ethniques, mais les renseignements que nous possédons ne sont pas suffisants pour autoriser des déductions bien solides.

De l'âge et du sexe, il n'y a pas grand'chose à dire. D'une part les enfants et les vieillards, de l'autre les femmes sont plus enclins à la colère que les adultes et les hommes, parce que les premiers sont plus faibles, ont un équilibre moins stable que les seconds. Aussi est-ce parmi les faibles, les déséquilibrés, hommes ou femmes, jeunes ou vieux, que l'on rencontre presque exclusivement les personnes sensibles aux variations atmosphériques et qui y réagissent par des malaises, des impatiences et la colère.

Avec les intoxications, nous abordons un facteur dont l'étude comporte plus de précision. A cet égard, les funestes effets de l'intoxication alcoolique et surtout de l'intoxication aiguë (ivresse) sont trop connus pour que j'y insiste. Même les personnes les plus calmes d'ordinaire n'y échappent pas quand elles font certains excès de boissons, principalement de boissons à essences comme l'absinthe. La dose absolue, mais variable avec les personnes et l'entraînement, joue ici un rôle remarquable ; quand cette dose n'est pas atteinte, l'ivrogne s'agite, crie, mais ne se met pas en colère ; celle-ci éclate toujours au même moment, même si l'ivrogne est seul. Donc, c'est bien le poison qui détermine les conditions physiologiques de la colère. D'autres substances agissent de même, la strychnine, les nucléines, la lécithine à doses fortes. Une mauvaise digestion, les affections gastro-intestinales et hépatiques prédisposent à la colère, aussi certaines toxi-infections ; du moins au cours de celles-ci, grippe, tuberculose, observe-t-on des tendances aux impatiences et à l'emportement. Beaucoup d'autres maladies présentent, à certains moments, les mêmes phénomènes : le diabétique au début de la phase d'acidose, le goutteux avant son accès témoignent souvent d'une irascibilité excessive qui peut éclater en crise de colère ; celle-ci est constante chez l'épileptique et fréquente chez le névropathe, etc., etc. Dans tous les cas, il est permis de supposer l'intervention d'un poison quelconque, agissant directement ou indirectement sur les éléments nerveux, et cette notion est importante parce qu'elle nous laisse entrevoir une des raisons possibles de l'intermittence des crises.

Le tempérament coléreux. — PINEL et FALRET ont pu observer que la colère est quelquefois héréditaire et se retrouve dans plusieurs générations successives d'une même lignée familiale. En fait, ce qui paraît transmis, ce n'est pas la colère, mais une certaine prédisposition favorable à la production de la colère. Ainsi se présente à nous le problème du tempérament coléreux. Les anciens médecins y croyaient fermement et DESCURET pensait, lui aussi, que les bilioso-nerveux sont enclins à la colère comme à la jalousie, celle-ci produisant en effet souvent celle-là. Ces idées ont été en partie reprises en 1892 par SEELAND (1), qui a cherché

____

(1) Congrès International d'anthropologie de Saint-Pétersbourg, 1892.

à donner les caractéristiques anthropologiques et psychologiques des tempéraments. Dans cette étude intéressante, quoique un peu sommaire, et qui fournit des
matériaux à la théorie des types morphologiques, l'auteur a distingué le tempérament *colérique*, caractérisé
par l'aspect tourmenté et la grande irritabilité du sujet,
tempérament qui peut du reste se combiner au tempérament sanguin et donner par suite naissance à deux
types de coléreux, l'un plutôt déprimé, l'autre excité.
C'est là une constatation clinique sur laquelle a justement insisté M. de FLEURY, qui distingue des coléreux
hypersthéniques et des coléreux asthéniques : les premiers
sont ceux dont le système nerveux est perpétuellement
irrité par des poisons, alcool, déchets mal élaborés,
toxines, etc. ; les seconds, ceux dont le système nerveux est moins irrité qu'irritable, c'est-à-dire que son
état d'équilibre instable est, à chaque instant, suscep-
tible d'être rompu par le moindre accident et de donner lieu à des réactions disproportionnées ; c'est le cas
des névropathes, héréditaires ou surmenés. Avec cette
conception, il ne reste donc plus, du tempérament coléreux, qu'un fond commun à toutes sortes de dispositions passionnelles et névropathiques, la constitution
émotive de M. DUPRÉ. Seulement, nous y retrouvons,
affirmé sous une autre forme, le rôle de l'intoxication
actuelle ou ancienne que l'examen des causes favorisantes
de la crise nous laissait également entrevoir.

Parentés morbides de la colère. — Nous allons faire un
pas de plus en étudiant les parentés morbides de la
colère. On a souvent assimilé la crise de nerfs à une attaque avortée ou incomplète d'hystérie ou d'épilepsie.
Sans aller aussi loin, puisque certaines personnes sujettes
à ces crises ne présentent aucun autre symptôme de
névrose, il faut reconnaître qu'il y a quelque affinité

entre la colère d'une part, la crise de nerfs et l'attaque comitiale de l'autre.

Dans la première, comme dans la colère, le sang monte à la tête, les oreilles bourdonnent, les tempes battent ; le patient sent le besoin de trépigner, de crier ; parfois, il perd à moitié connaissance ou manifeste des tendances agressives. Remarquons en outre : 1º qu'il y a une crise de nerfs à visage coloré et une crise de nerfs à visage pâle ; 2º que cette crise est beaucoup plus fréquente chez les femmes que chez les hommes, ce qui est en rapport avec la constitution féminine, tandis que la colère avec violence est bien plus répandue dans le sexe masculin ; 3º que les femmes sujettes aux crises de nerfs présentent rarement de vraies crises de colère, et réciproquement ; on dirait qu'il y a substitution, car on a vu des colères se terminer par une crise de nerfs et des femmes, portées à la colère dans leur jeunesse, devenir plus tard sujettes à des crises de nerfs ; 4º que la crise de nerfs est contagieuse comme la colère ou l'attaque d'hystérie. Dans un milieu un peu énervé, il suffit qu'une personne s'agite, pousse des cris, tombe à la renverse pour que d'autres immédiatement l'imitent. De même, un individu qui se met en colère communique aisément sa colère à son adversaire et à ses voisins. Ainsi, comme l'a noté M. G. Le Bon, dans sa *Psychologie des foules*, la colère se propage avec rapidité dans les réunions nombreuses et contradictoires ; 5º enfin les éléments psychologiques (contrariété, etc.) et les manifestations physiologiques sont à très peu près les mêmes dans la colère différée et la crise de nerfs, courbe de la tension vasculaire et de la force musculaire par exemple, avec détente accompagnée de larmes, comme celle de la colère chez la femme, et suivie d'une dépression profonde.

Avec les états épileptoïdes et l'épilepsie, la parenté n'est pas moindre. MAUDSLEY définissait la colère une *convulsion* psychique. FALRET a décrit, sous le nom de *petit* et de *grand mal intellectuel*, des crises qui ne sont autre chose que des accès, faibles ou forts, de colère. LEGRAND du SAULLE pensait, au reste, que ces manifestations sont liées au mal comitial et n'en expriment que des modalités atténuées. M. de FLEURY a montré que la colère s'observe souvent chez des gens qui, sans être épileptiques eux-mêmes, appartiennent à des familles d'épileptiques et pour lesquels, par conséquent, la colère représenterait une forme substitutive. Dans le même sens opinent les psychologues, dont bon nombre ne voient, entre la colère et l'épilepsie, que des différences de degré. « Même dans les périodes de calme, dit Th. RIBOT (1), les traits psychologiques universellement notés de l'épilepsie révèlent une disposition sombre, morose, irritable, mais surtout irascible : c'est le tempérament *colérique* par excellence. Dans les périodes d'attaque, nous trouvons les symptômes de la colère poussés à l'excès. » A ces arguments divers, qui témoignent de la parenté de la colère et de l'épilepsie, il est, je crois, inutile d'en ajouter d'autres ; rappelons seulement que si la colère est la conséquence presque constante d'un certain degré d'ivresse, l'épilepsie s'observe avec prédilection chez les hérédo-alcooliques. Or, l'épilepsie, regardée longtemps comme une affection anorganique, *sine materia*, est aujourd'hui attribuée à des lésions, visibles seulement dans certains cas (épilepsie traumatique) et qui semblent agir moins par elles-mêmes que par les produits de désintégration qu'elles versent dans l'économie ; et encore une fois nous rencontrons l'idée

(1) *Psychologie des sentiments*, p. 231.

d'une intoxication particulière à la base des parentés morbides de la colère.

Considérations pathogéniques. — Des renseignements qui précèdent il importe de tirer à présent une conclusion et de l'étayer, si possible, sur des recherches précises.

La parenté entre la colère et l'épilepsie nous conduit à penser qu'il y a, entre elles, analogie de cause. Nous savons que l'épilepsie traumatique est imputable à une lésion cérébrale, l'épilepsie jacksonienne à une irritation rolandique, et, dans ces deux affections, la crise paraît le résultat de l'action intermittente des produits de désintégration cellulaire. L'épilepsie essentielle renforce cette idée, d'abord par les modifications urinaires qui accompagnent et suivent l'accès, puis par les effets provocateurs des intoxications alimentaires (M. de FLEURY) et sédatifs au contraire de la cure de désintoxication (GUELPA et MARIE). Moi-même j'ai exposé, à la *Société de Thérapeutique*, l'action déchaînante de certaines albumines, et tout dernièrement (1) MM. PAGNIEZ et de LÉOBARDY ont apporté l'observation d'un épileptique chez lequel les accès étaient produits par l'ingestion de corps gras.

Des phénomènes analogues se constatent dans la colère, mais il faut les rechercher. Chez les insuffisants du rein, les crises de colère sont souvent des ébauches ou des débuts d'urémie ; avant, l'azotémie peut avoisiner 1 gramme, mais tombe ensuite et parfois au voisinage de la normale de l'individu. Un fait du même genre a été signalé par M. GUELPA : chez les goutteux, l'uricémie est bien plus forte avant l'accès aigu qu'après, et c'est justement aussitôt avant l'accès que le goutteux est le plus enclin à la colère, ce qui a paru autoriser à

____

(1) *Soc. médicale des hôpitaux de Paris*, 25 févr. 1921.

dire que la colère peut provoquer un accès de goutte. Il
en est de même dans les débuts de l'acidose chez le
diabétique et, avant les crises de vomissements acéto-
némiques chez les enfants, l'irascibilité est quelquefois
si marquée qu'on arrive à la considérer comme un signe
prémonitoire.

Chez les coléreux ordinaires, qui ne sont pas tous, il
s'en faut, diabétiques, goutteux ou néphrétiques, l'examen des urines amène cependant à des constatations
identiques. D'après M. de FLEURY, les échanges urinaires
augmentent au moment de la crise. J'ai donné, dans mon
travail déjà cité sur *la Colère et son Traitement*, le
résultat de mes recherches à cet égard. Il en ressort
que le coefficient de toxicité urinaire, normalement
assez élevé chez les neuro-arthritiques dont il s'agissait
surtout, tombe au-dessous de la normale de l'individu
avant la crise et s'élève très au-dessus après, pendant
la période de détente et au delà. Mais je dois ajouter
une remarque, faite depuis cette publication. Quand le
coefficient de toxicité urinaire ne monte pas notablement après la colère, il faut se méfier de nouvelles crises
prochaines ; la probabilité de crises ne paraît éloignée,
momentanément du moins, que si l'élimination toxique
a été réellement forte. On ne saurait donc attribuer
l'augmentation des échanges urinaires et du coefficient
de toxicité en particulier à la seule réaction motrice de
la colère, attendu que le coefficient de toxicité continue
à monter alors que le taux des échanges totaux est
déjà revenu à la normale et même au-dessous.

Enfin un dernier phénomène, de découverte récente,
doit retenir l'attention. Dans leur observation, signalée
tout à l'heure, MM. PAGNIEZ et de LÉOBARDY ont constaté que l'ingestion de corps gras déterminait d'abord
une crise hémoclasique puis, ensuite, un accès comitial;

par la bromuration intensive, les auteurs supprimaient l'accès mais n'empêchaient pas l'hémoclasie, ce qui prouve au surplus, d'une manière remarquable, l'action purement inhibitrice et toxique du brome sur les neurones. On connaît la signification que M. F. WIDAL et son école attachent, en de telles circonstances, à la crise hémoclasique ; ils attribuent celle-ci à la présence, dans la circulation, de substances hétérogènes grâce à une certaine insuffisance du foie. Or, cette crise hémoclasique, tout au moins son ébauche, paraît exister dans la colère. En tout cas, on constate que la contrariété et l'émotion qu'elle suscite sont suivies très rapidement d'une modification de la formule leucocytaire, avec leucopénie et lymphocytose, semblable à celle que produit une injection intra-veineuse d'un colloïde métallique quelconque, mais beaucoup moins nette. Il y a cependant une différence : tout se passe beaucoup plus vite que ne le décrit M. F. WIDAL dans l'hémoclasie classique : l'hypotension se produit immédiatement, comme on l'a vu, et la phase hypertensive réactionnelle suit sans délai ; enfin l'hyperleucocytose n'atteint son plein qu'après la détente, au cours de la dépression. Malheureusement les recherches de cette sorte sont très difficiles, ne pouvant guère porter que sur soi-même et sur les personnes de l'entourage immédiat, et ne s'appliquent qu'à la colère différée ; l'évolution de l'agression réelle est trop instantanée pour qu'on en puisse suivre les étapes humorales.

Quelque incomplètes que soient encore de telles recherches, elles permettent pourtant, rapprochées des autres constatations, de se faire une idée au moins vraisemblable du rôle de l'intoxication dans le déclenchement de la crise de colère. Puisqu'un coup de froid est capable de déterminer de profondes altérations humorales (hémoclasie de l'hémoglobinurie paroxystique *à frigore*), rien ne s'oppose à ce qu'un choc émotionnel produise le même effet. Mais cet effet n'est pas fatal ; il faut pour qu'il ait lieu que l'organisme soit sensibilisé, c'est-à-dire en état d'équilibre instable, et c'est ici qu'interviennent les poisons physiques (antigènes) ou chimiques, soit endogènes (alimentaires, musculaires), soit exogènes (alcool, essences). Dans cet état, la moindre contrariété, même objectivement inappréciable, peut suffire à déterminer l'accès. C'est là ce qui différencie la colère de l'épilepsie, car, dans cette dernière, autant que nous le supposons, il y a accumulation progressive d'un certain poison, inconnu mais probable, qui déclenche automatiquement l'accès comitial quand il est arrivé à un certain taux, tandis que si le choc émotionnel fait défaut, la colère n'éclate pas et tout se borne à quelques troubles physiologiques sans importance. On comprend ainsi que des causes très diverses puissent amener la colère ; on comprend, par l'influence du terrain, ses formes et ses parentés morbides. Mais on doit également prendre garde à ceci : la contrariété agit sur les centres cérébraux, qui, par le sympathique, déterminent la réaction vaso-motrice et émotionnelle. Quand le sympathique est normal ou qu'il a été entraîné à s'adapter aux circonstances, à répondre correctement aux excitations qu'il reçoit, c'est la colère physiologique. Quand le sympathique est modifié dans son jeu, c'est toujours la colère vraie, l'agression réelle ou simulée ; mais si le système nerveux central d'où part l'incitation est lui-même irrité, tendu, hyperfonctionnel, c'est la colère rouge ou la colère des hypersthéniques de M. de FLEURY ; s'il est insuffisant, c'est la colère des asthéniques, des faibles, des enfants et des femmes, cette colère différée, qui s'épuise en récrimination., en plaintes, en pleurs (1). Par là s'explique enfin que la colère des hypersthéniques, la colère rouge, soit violente mais passagère et ne laisse guère de traces, alors que la colère des asthéniques et des névropathes, la colère blanche, souvent se prolonge et se transforme en cet état chronique qui constitue la haine.

Conséquences de la colère. — Il est facile de prévoir que le bouleversement apporté par la colère est capable d'entraîner des troubles organiques fort sérieux. Les morts subites par rupture d'un anévrysme, d'un vaisseau, par syncope cardiaque ne se comptent plus chez les coléreux en proie à leur crise. Aussi la colère est-elle particulièrement dangereuse chez les hypertendus, les artério-scléreux et les cardiopathes. D'ailleurs, suivant la disposition personnelle, beaucoup d'autres accidents peuvent encore en résulter. Quand il s'était violemment disputé à la Convention, ROBESPIERRE avait des saignements de nez qui inondaient son lit ; chaque colère de MARAT était suivie d'un accès de fièvre. D'autres sont obligés de se mettre au lit, tellement ils sont épuisés, ou bien éprouvent des troubles digestifs et hépatiques, comme cette fillette de huit ans dont M. P. MERKLEN a rapporté l'observation. Enfin on a noté que l'avortement peut être la conséquence d'une violente crise de colère.

Du point de vue social, les conséquences de la colère ne sont pas moins fâcheuses. Nous venons d'en citer une ; nous rappellerons également que la vue d'une personne en colère déclenche parfois chez les prédisposés

____

(1) M. DE FLEURY, *le Corps et l'âme de l'enfant*, 1899, p. 156.

un accès comitial ou une attaque d'hystérie. S'il est inutile de rappeler les répressions pénales auxquelles le coléreux s'expose à la suite des voies de fait, nous ne devons pas cependant oublier que la presque totalité des violences contre les personnes, coups, blessures et meurtres, sont perpétrées sous l'influence de la colère et que, par conséquent, celle-ci, quel que soit au surplus son motif, impose de très lourdes charges à la société.

Plus lourdes encore assurément sont celles dont la haine collective est comptable, haine de famille, *vendetta* sous toutes ses formes, haines de villes, de classes sociales, de peuples et de races. A quel long développement ne nous entraînerait pas l'examen de cette question ? Mais on prévoit d'avance tout ce qu'il y aurait à dire, et d'ailleurs n'avons-nous pas ressenti les terribles effets d'une haine presque séculaire, cultivée avec soin, que notre victoire a exaspérée et qui, plus forte que jamais, nous menace de dangers nouveaux contre lesquels nous serions coupables de ne pas nous armer.

Traitement de la colère, le régime. — Les anciens traitements de la colère étaient sommaires : une bonne fessée pour les enfants, une potée d'eau à la figure pour les femmes, certaines mesures disciplinaires pour les hommes. A ces moyens, je ne dénie pas toute valeur : la fessée, l'eau froide exercent une dérivation qui amène la détente et le calme, mais n'empêche pas le retour de la crise ; la crainte des coups, la honte, la provocation du remords possèdent aussi une certaine action éducative, surtout chez l'enfant. Malheureusement cette action est souvent annihilée ou gâtée, quand, pour corriger le petit coléreux, on s'emporte soi-même, comme cela arrive à trop de parents, car alors notre fureur est d'un exemple funeste. N'a-t-on pas vu des enfants devenir épileptiques à la suite d'un accès de colère du père ?

Sans négliger totalement ces moyens pour couper court à une crise, il importe maintenant de recourir à des procédés plus efficaces, et les considérations pathogéniques exposées ci-dessus nous conduisent à une indication qu'il faut suivre dans tous les cas : c'est la désintoxication. Nous allons voir, d'ailleurs, que les effets du traitement qui en est déduit confirment la théorie.

Le régime alimentaire est d'une particulière importance, ainsi que l'avaient fort bien compris DESCURET et les anciens médecins, en raison du rôle que semblent jouer les poisons dérivés d'une élaboration incomplète des aliments et de l'insuffisance du foie. Mais ce régime ne saurait être exactement le même chez les hypersthéniques et les asthéniques. Chez les premiers, il faut avant tout réduire la ration au strict indispensable, ordonner peu de viande grillée et d'œufs, mais beaucoup de fruits, de préférence crus, et supprimer les aliments excitants, les condiments épicés, les vins généreux et les liqueurs, le café et le thé. Manger peu à la fois et bien mastiquer ; autant que possible ne boire que de l'eau faiblement minéralisée, ou tout au moins du vin blanc très largement coupé. Faut-il en arriver au régime végétarien ? M. HARTENBERG, expérimentant sur lui-même, a reconnu qu'il paraît diminuer l'irascibilité. Mais on doit se garder de généraliser. J'ai montré quel parti on peut tirer de ce régime chez certains épileptiques ; chez d'autres, au contraire, le régime mixte apporte de meilleurs résultats. Il y a d'ailleurs un certain inconvénient à prescrire le régime végétarien chez les hypersthéniques. Ceux-ci, en effet, étant surtout des préarthritiques, des arthritiques à la période de défense ou des hérédo-arthritiques, sont très souvent des hyperminéralisés, notamment les goutteux, les rhumatisants, les lithiasiques. Or, le régime végétarien renferme les aliments les plus richement minéralisés, comme le lait, les œufs, les céréales, tandis que les aliments les plus pauvres en sels sont la viande et les fruits. C'est pourquoi le régime qui convient le mieux à cette catégorie de malades est le régime mixte, mais, prescription plus essentielle encore, réduit au minimum, car il ne faut pas craindre de faire perdre un peu de poids à ces sujets. Chez les asthéniques, les règles relatives au morcellement des repas doivent être observées avec la même rigueur ; il faut aussi tenir grand compte des possibilités digestives, souvent réduites, de chaque individu, mais, l'insuffisance nerveuse étant en partie liée à une intense déminéralisation phospho-calco-magnésienne, on peut autoriser le régime mixte en insistant de préférence sur le lait, les œufs, les pâtes, la cervelle (en petite quantité), et autoriser, le cas échéant, un peu de café ou de thé.

La désintoxication et les moyens connexes. — Sauf en cas d'intoxication d'origine alimentaire, le régime ne modifie pas très sensiblement l'état toxique, mais il l'empêche de s'aggraver. Dans la diurèse et la purgation, nous possédons des moyens plus sûrs pour éliminer les poisons accumulés ou ceux qui se forment incessamment. On peut donc prescrire toutes les tisanes diurétiques — et leur abondance ne sera limitée que par le degré de la tension artérielle et l'insuffisance du rein, dont, parfois, il peut être utile de forcer la barrière avec de la théobromine ou de la digitale, suivant les cas, — et recourir aux laxatifs salins et aux purgatifs, notamment chez les pléthoriques et les personnes qui font de la coprostase. Mais je préfère de beaucoup associer ces deux moyens sous forme de cure de Guelpa, laquelle comporte, on le sait, la purgation quotidienne et la privation absolue de tout aliment, même le lait, pendant 2, 3, 4 jours consécutifs et davantage. Cette cure est absolument inoffensive et doit être appliquée de préférence au moment où les modifications urinaires peuvent faire craindre des crises ; son effet se montre alors vraiment merveilleux et l'irascibilité cède, pour ainsi dire, à vue d'œil. On objectera que, à défaut de la cure, la crise ne se serait peut-être pas produite. C'est possible ; il est, en tout cas, intéressant de constater que les coléreux qui s'y soumettent voient leur état s'améliorer et le calme revenir en eux, et souvent définitivement si on prend soin de renouveler la cure de temps à autre.

Bien entendu, il faut s'attaquer au poison lui-même quand on le peut. Ainsi on supprimera l'alcool chez les ivrognes et, dans ce but, on recourra, le cas échéant, au traitement dans des établissements spéciaux. Parfois, on peut incriminer une hypercrinie ou au contraire une insuffisance endocrinienne. C'est ainsi que MM. L. Lévy et de Rothschild attribuent en partie l'irritabilité des neuro-arthritiques à l'instabilité thyroïdienne et que Janney et Henderson considèrent l'irascibilité comme un des signes de l'hypothyroïdisme chez certains sujets, d'autres témoignant en revanche d'une complète apathie. Chez quelques personnes, il semble permis de supposer une légère hyperépinéphrie ou de l'hyperpituitarisme. Toutes ces causes doivent être recherchées et combattues au besoin par une opothérapie appropriée et qui rend alors de signalés services. Comme la colère peut être fort dangereuse chez les hypertendus, il faut également lutter contre l'hypertension, non seulement par la cure de Guelpa, mais aussi par les hypotenseurs doux, tels que le gui et l'aubépine et, chez les artério-scléreux, par la darsonvalisation et les bains carbo-gazeux. Il est inutile d'ajouter que si quelques injections salines et même la strychnine sont parfois utiles chez les asthéniques, les bromures doivent être proscrits dans tous les cas ; médicaments purement palliatifs, ils ont l'inconvénient, aux doses actives, d'abrutir le patient, sans le guérir. Nous en dirons presque autant du phényléthylmalonylurée vanté comme antispasmodique par Cl. VINCENT et BERGER, mais qui, d'après CODET, amène un état de torpeur peu recommandable.

L'hydrothérapie, la révulsion froide ont de bons effets, cette dernière pour mettre fin à la crise, la première pour éduquer et régulariser la vaso-motricité ; mais il convient de s'en méfier chez les asthéniques qui réagissent parfois d'une manière désordonnée et ne l'employer que prudemment et progressivement. Quant aux exercices physiques, ils sont excellents, à la condition qu'on les proportionne rigoureusement au malade. L'asthénique, étant en réalité un désadapté ou un inadapté, ne peut pas faire grand'chose en apparence ; il possède cependant des réserves qu'il dépense en agitations pénibles et en colère, mais qu'on doit employer d'une autre manière, sous forme de mouvements gymnastiques, de marches et de jeux bien réglés, car ainsi on canalise et on régularise la force disponible au lieu de la gaspiller. Les hypersthéniques réclament des exercices plus violents, pour brûler leurs déchets et user les réserves en excès. Certains d'ailleurs sont orgueilleux, dominateurs, et leur activité trépidante explose en colère quand elle ne trouve pas un échappement ou un dérivatif. Les colères de NAPOLÉON furent célèbres, celles de BISMARCK ne l'ont guère été moins. Mais l'Empereur était beaucoup plus calme pendant les rudes chevauchées de la guerre qu'à Saint-Cloud ou aux Tuileries, et l'humeur du Chancelier de fer s'adoucissait lorsqu'il avait cassé beaucoup de bois. Donc, aux hypersthéniques, des exercices énergiques, méthodiques, qui détendent et soulagent la tension nerveuse ; aux asthéniques, des exercices doux, visant à développer la discipline nerveuse et n'atteignant jamais le seuil de la fatigue. Chez les uns comme chez les autres, repos complet après les exercices, vie occupée et régulière ; se coucher de bonne heure, éviter toutes les excitations nocturnes, dormir dans une pièce fraîche, aérée, silencieuse et obscure, car le sommeil est une détente, pendant lequel les poisons accumulés s'éliminent les forces se réparent et s'équilibrent. Il faut donc le rendre bon, sans jamais recourir aux hypnotiques, quels qu'ils soient, par des occupations variées et continues, un régime sobre, une vie bien et utilement remplie. N'a-t-on pas remarqué depuis longtemps que les crises de colère sont plus fréquentes, chez les enfants, les dimanches et les jours de congé, chez les adultes aux heures oisives ou mal occupées ?

Le redressement moral. — En l'absence de traitement somatique, on peut déclarer qu'il n'y a pas de traitement psychologique de la colère, au moins chez l'adulte. « La bouffée qui monte au cerveau », comme dit Sénèque, emporte l'effet de la rééducation respiratoire, des conseils, des réprimandes, des résolutions, et tout est à recommencer. Il n'en est pas autrement du reste de la colère des épileptiques et des ivrognes, et on comprend parfaitement qu'il en soit ainsi. Au surplus, la suggestion hypnotique n'est pas ici de mise, puisque nos coléreux ne sont nullement hystériques. Le traitement somatique amène au contraire de grands changements ; il rétablit le calme, diminue l'irascibilité et le malade est alors tout disposé à tirer parti des conseils de la persuasion, à rééduquer son émotion et sa volonté ; sans cette base indispensable, ce point d'appui solide, celui-ci, tout en comprenant parfaitement la bassesse et le danger de sa passion, demeure incapable d'y résister. Cependant je dois mentionner encore le procédé du *délai*, indiqué par M. Boigey : « C'est parce qu'ils prennent leur résolution pendant la crise passionnelle, écrit cet auteur (1), qu'ils (les coléreux) adoptent une ligne de conduite blâmable. S'il m'était permis de donner ici un conseil, j'engagerai ceux qui lisent ces lignes et qui sont irrités, fût-ce pour de justes motifs, à ne prendre aucune détermination avant de s'être abandonnés pendant une nuit au sommeil. Il est bien vrai que la nuit porte conseil et que le silence, le repos et l'obscurité redressent souvent les jugements des hommes. » Aucun doute à cela, mais il me semble — est-ce que je comprends mal la pensée de M. Boigey ? — qu'un coléreux capable de remettre au lendemain les effets de sa colère, et, par conséquent, de les supprimer, a déjà maîtrisé sa passion et ne rentre plus dans la catégorie des gens qui nous occupent.

Chez les enfants, sauf arriérés et hypothyroïdiens, le redressement moral a une action d'emblée plus visible. Bien entendu, le traitement somatique ne doit jamais être négligé ; on a observé néanmoins que la douceur ferme et l'exemple du calme arrivaient, sans plus, à les guérir de leurs impatiences et de leurs petites colères. Cela tient en partie à ce que leurs centres nerveux et leur sympathique sont plus souples, plus éducables, et à ce que leurs organes d'élimination fonction-

(1) *Op. cit.*, p. 205.

nent mieux ; la réaction vitale tend, chez eux, à rétablir sans cesse l'équilibre ; en outre, l'enfant va chaque jour vers la force, comme l'éducation du contrôle en progressant. Il n'en est plus ainsi chez l'asthénique, dont la tension diminue sans cesse, et c'est pourquoi celui-ci réclame toujours impérieusement le traitement somatique au complet pour que son état s'améliore. Mais, pour tous, enfants ou adultes, hypersthéniques ou asthéniques, un des facteurs essentiels du redressement est la parfaite tranquillité du milieu. Un enfant qui assiste aux attaques de nerfs de sa mère, aux colères de son père, aux scènes emportées et violentes des uns et des autres, ne saurait guérir. A vivre parmi des braillards, des agités, des brutaux, comment ne pas devenir coléreux ? Il faut donc absolument une existence tranquille et la fréquentation des gens paisibles, et c'est ainsi que s'impose parfois le changement de milieu, la pension pour l'enfant, le déplacement pour l'adulte, car l'ambiance habille nos prédispositions et, suivant les circonstances, les accentue ou les corrige.

CHAPITRE VII

L'ORGUEIL

L'orgueil et le sentiment de la personnalité. — Dans
sa forme intérieure, l'instinct de la conservation constitue l'amour de notre propre personnalité (*self-feeling*),
qui, normalement, par la conscience que nous prenons
de nos moyens réels, adapte assez exactement l'action
à ses possibilités. Mais il peut aussi subir deux déviations, l'une négative et par défaut, c'est l'humilité,
l'autre positive et par excès, c'est l'orgueil.

Th. Ribot (1) définit l'orgueil : sentiment exagéré
et permanent de la valeur personnelle, traversé par des
poussées émotionnelles plus intenses. Comprenons bien
cette définition : exagéré signifie ici inadéquat ou, en
d'autres termes, qu'il n'y a pas adaptation, proportion-
nalité, entre ce que l'on croit être et ce que l'on est,
entre la puissance imaginée et la puissance effective,
latente ou manifestée. On peut dire, pour mieux préciser son caractère désadaptatif, que l'orgueil est un sentiment exagéré et permanent de la valeur personnelle
sans rapport avec la puissance réelle d'action.

Cette déviation positive qui a, comme nous le verrons,

(1) *Essai sur les passions,* p. 133.

son origine dans l'état cénesthésique, présente différentes modalités, suivant que le sujet se considère en lui-même et absolument ou dans ses relations avec les autres ; les trois principales sont l'orgueil proprement dit, la vanité et l'ambition.

Caractères de l'orgueil. — Le sentiment exagéré de la valeur se traduit d'une manière que MANTEGAZZA a bien étudiée. Pour cet auteur (1), la physionomie de l'orgueilleux est caractérisée par deux expressions : une expression d'*agrandissement* ou d'*expansion*, que marquent la dilatation du thorax et la mimique envahissante, et que souligne la phrase populaire « gonflé d'orgueil », et une expression d'*élévation*, indiquée par le redressement de la tête, la fermeté de la bouche, la fixité du regard, l'assurance de la démarche. Ces traits de la physionomie sont plus ou moins marqués, car il est des orgueilleux qui, parfois, s'efforcent de les atténuer — et ce ne sont pas les moins ancrés dans leur passion — mais on les observe au complet et sous une forme presque caricaturale dans le type extrême que représente le mégalomane, l'individu atteint du délire des grandeurs.

Ce qui anime cette physionomie, c'est la croyance de l'orgueilleux en sa supériorité absolue ; il ignore ses défauts, disait PASCAL, ou, s'il les découvre, se glorifie de les connaître. Par conséquent, et c'est ce qui le distingue, l'opinion des autres lui est en somme indifférente ; il plane au-dessus. Lui est-elle contraire qu'il y trouve un motif pour renforcer sa croyance, car le dénigrement ne saurait provenir que de l'envie, de la jalousie, de la haine, ou encore de l'ignorance et de la bêtise. Pour tout cela, il n'a que du mépris et la moue dédai-

____

(1) *La Physionomie et l'expression des sentiments*, 1897, p. 157.

gneuse de sa lèvre inférieure en est le signe. D'ailleurs l'orgueilleux, n'étant pas un faible, a une extrême confiance en lui-même, et cette confiance est tellement rayonnante qu'elle arrive à s'imposer aux médiocres; d'où les succès inattendus et déconcertants qui parfois, en affaires, en politique et même en littérature, couronnent ses entreprises. Comme on le comprend, le succès ne fait que renforcer son sentiment ; il devient insolent, coléreux, brutal ; la moindre contradiction, la plus petite résistance le met en fureur et il n'hésite pas, quand il en a le pouvoir, à les châtier impitoyablement. Au surplus, l'échec ne le frappe guère ; il l'attribue, non à son insuffisance, mais à la coalition des mauvaises passions, car il pense que sa supériorité ne peut être qu'insupportable à la bassesse des autres. Toutefois, quand l'insuccès se répète, que le terrain surtout s'y prête, l'orgueil, ne trouvant plus son assouvissement et sa détente, tend à perdre ses éléments sthéniques et à se transformer en manifestations puériles, en manie et en délire.

Une de ses caractéristiques importantes est qu'il intéresse les sphères intellectuelles et morales les plus hautes. On est vaniteux de sa force ou de sa beauté, mais orgueilleux de son intelligence, parce que l'intelligence est en soi-même et que nous nous en estimons les seuls vrais juges. Et, en effet, l'orgueilleux veut ou croit être un grand savant, un grand financier, un grand littérateur, un artiste incomparable, un inventeur de génie, ou encore le rédempteur de la société, le fondateur des temps nouveaux. Entre ces prétentions et la réalité, il n'y a pas d'adéquation, et c'est ce qui fait que si souvent les orgueilleux deviennent des anarchistes dangereux et de redoutables agitateurs. Toutefois, il arrive que le sentiment de la supériorité s'oriente dans une autre voie, et on peut assister alors à son changement de valeur. On en trouve un premier exemple dans *l'orgueil du nom*, que crée le sentiment héréditaire des actions accomplies par la famille, des vertus dont elle a fait preuve, mais ce sentiment doit être étayé sur les qualités personnelles, sinon il est inadéquat et entraîne la suffisance et la morgue. Un autre exemple est la passion de l'honneur, sentiment exalté de sa propre dignité et de celles des personnes qui nous touchent, dit Th. Ribot, et qui, précisément parce qu'il porte à l'excès la conscience des obligations sociales les plus raffinées, représente une vertu civique. L'orgueil n'est donc pas, sous toutes ses formes, une passion mauvaise ; il ne le devient que lorsque certains éléments de son contenu, appréciation de la valeur personnelle, confiance en soi, respect de sa dignité, au lieu d'être des moyens d'adaptation, gênent celle-ci ou s'y opposent.

La vanité. — « L'orgueilleux ferme sa porte aux intrus, le vaniteux l'ouvre », a écrit M. Ch. Fiessinger (1). Et, en effet, l'orgueil s'alimente à sa propre source, il se suffit à lui-même, tandis que la vanité se satisfait surtout par l'apport des autres. Dans celle-ci, il y a bien toujours un sentiment exagéré de la valeur personnelle, mais cette valeur est attachée moins aux qualités internes, intellectuelles et morales, qu'aux avantages appréciables de l'extérieur, beauté physique, élégance, fortune, situation, honneurs. C'est donc la réaction de l'extérieur qui satisfait le vaniteux, et c'est pourquoi il recherche la louange, la provoque, la mendie et va jusqu'à l'acheter. J'ai connu une dame qui payait fort cher les journaux pour faire figurer son nom, ses toilettes et ses bijoux dans les « Échos », et elle en était très fière, non pour les personnes de son entourage qui

____

(1) *Les Maladies du caractère*, 1916, p. 173.

presque toutes savaient ses manigances, mais pour celles qui ne la connaissaient pas et devaient, disait-elle, la considérer comme une femme extraordinaire. La vanité comporte, par suite, moins d'éléments intellectuels ; elle est plus mesquine, plus terre à terre, souvent enfantine et futile. Aussi est-elle l'apanage des médiocres et des sots, tandis que l'orgueil, dans sa forme ordinaire, appartient plutôt à une élite, se croyant douée de qualités personnelles éminentes. Telle est la raison sans doute pour laquelle la vanité est si fréquente chez la femme. Même chez les petites filles, elle s'épanouit déjà. « Elles veulent à tout prix qu'on s'occupe d'elles, faisant et disant pour cela toutes les sottises, aimant mieux être grondées que de passer inaperçues (1). » Il est vrai, comme le remarquait Mgr DUPANLOUP, que, de ces tendances, les mères sont en partie responsables, car, vaniteuses elles-mêmes, elles donnent à leurs filles des habitudes de coquetterie et la rage des colifichets. Notons, au surplus, que chez les femmes la vanité opère le plus souvent pour son compte et est, bien moins qu'on le croit, liée à un sentiment sexuel et au désir d'attirer le mâle. Chez le garçon, la vanité est plus rare et affecte d'ailleurs une autre forme, moins continue et moins niaise ; principalement vantard, le garçon singe l'homme et exalte ses qualités de force, d'adresse, de volonté, marquant ainsi des dispositions orientées de préférence vers l'orgueil ou l'ambition.

Insupportable et coûteuse chez la femme, la vanité ne l'est guère moins chez l'homme. S'il ne s'agit pas de charmes physiques, de toilettes, de parures, de mobilier, de relations, il s'agit de places, de gains, de décorations. Que de fatigues, de tourment cause la « fièvre

____

(1) H. MARION, op. cit., p. 81.

rouge » ! N'a-t-on pas vu des gens tomber malades de leur déconvenue, et ceux dont les intrigues ont réussi et qui se pavanent d'un air bouffi ne font-ils pas quelque peu songer aux tristes mégalomanes, affublés d'oripeaux, de rubans et de ferblanterie ?

L'ambition. — Elle s'apparente à l'orgueil plus qu'à la vanité, car son point de départ est toujours le sentiment exagéré de la valeur absolue, intérieure, et une extrême confiance en soi. Mais ce n'est pas la pensée des qualités intellectuelles qui l'emporte ; la première place est donnée à l'habileté, au savoir-faire, à une prétendue connaissance des passions humaines que l'on exploite à son profit. L'orgueilleux est satisfait malgré les autres, l'ambitieux ne peut se satisfaire que par les autres. Par ce côté et souvent aussi par l'objet qu'il poursuit, il se rapproche d'autre part du vaniteux ; toutefois celui-ci est content de ce qu'il est, de ce qu'il possède, comme l'orgueilleux, tandis que l'ambitieux se démène dans le futur ; il vise à obtenir ce qui n'est pas encore, et ce qu'il veut obtenir c'est l'augmentation de sa puissance par la manifestation apparente de sa puissance. Un ambitieux médiocre qui venait d'être élu député me disait : « Maintenant que j'ai battu le candidat des délégués (c'était au temps d'Émile Combes), je peux affirmer ma force, tout le monde y croira. » Par là s'atteste l'inadéquation de l'ambitieux ; elle use de l'intrigue pour réussir et profite de la réussite pour développer son intrigue, sans qu'il y ait jamais rapport légitime entre les qualités requises et le but visé ou atteint.

De la nature de ce but, la passion est indépendante, car, quel qu'il soit, le souverain bien réside dans la satisfaction qu'on se promet : tel individu déploie la même ambition pour conquérir une place de rond-decuir que tel autre pour décrocher un portefeuille. Cependant, plus le but est élevé, plus l'ambition semble s'épurer, se débarrasser de ses éléments accessoires et inférieurs ; elle devient la passion de la domination, la *manie du pouvoir*, considéré en lui-même, abstraction faite de toutes les petites satisfactions qui y sont attachées. Ici, nul autre désir ou satisfaction que la puissance, exercée effectivement et en vue de laquelle on sacrifie les intérêts de la famille, de la collectivité et de l'État. Seule, la crainte des attentats et des révoltes arrête dans ses entreprises égoïstes l'assoiffé de puissance. Mais cette passion n'appartient pas au commun ; elle est le propre d'intelligences souvent vastes, orgueilleuses, et si, précisément parce qu'il y avait inadéquation entre les tendances et les réalités, beaucoup d'ambitieux du pouvoir ont accumulé les ruines autour d'eux, quelques-uns pourtant furent de grands ministres ou de grands rois dont le pays honore justement la mémoire. Comme l'orgueil, et du point de vue social, cette ambition peut donc subir un changement de valeur. D'ailleurs, ne le méconnaissons pas, réduite à des effets appropriés, l'ambition est un sentiment légitime ; savoir ce que l'on vaut vraiment, avoir confiance en soi sont nécessaires pour entreprendre et réussir, et il est utile, quand un bon équilibre mental permet d'adapter les visées aux moyens, de regarder un peu haut pour étendre le champ de l'activité et développer, dans la lutte, des qualités profitables à soi-même et aux autres.

Évolution des passions d'orgueil. — De par leur étroite parenté, ni l'orgueil, ni la vanité, ni l'ambition n'existent ordinairement à l'état pur ; ces passions se compliquent et s'empruntent des traits réciproques ; il y a toujours un peu d'orgueil vrai dans la vanité satisfaite, il y en a parfois beaucoup dans l'ambition triomphante.

Préciser leurs limites est difficile et au surplus inutile pour le but que nous poursuivons. Cependant il semble que ni leur résistance, ni leur évolution ne soient tout à fait les mêmes. Si la vanité est la première à apparaître, et dès le jeune âge, elle est aussi la première à disparaître, ce qui tient peut-être à ce qu'elle a des adhérences moins profondes ; d'autres préoccupations l'atténuent ou se substituent à elle. Certaines femmes refusent la maternité par vanité, mais d'autres sont guéries de leur vanité par la maternité. Chez l'homme, la vanité enfantine se modifie fréquemment à la puberté ou ne tarde pas à revêtir un caractère sexuel, qu'elle peut d'ailleurs garder très longtemps ; ou bien encore, à l'âge mûr, de préférence vers 40 ans, elle cède la place à l'ambition ; celle-ci dure parce qu'elle comporte une ténacité plus grande et des dispositions moins puériles. Plus résistant encore est l'orgueil, qui quelquefois persiste jusqu'au bout, malgré l'affaiblissement de la vieillesse, encore qu'il soit assez rare que les grands orgueilleux meurent à un âge avancé. Ordinairement, il accomplit une évolution régressive ; la vanité est le propre des êtres faibles, femmes et enfants ; l'ambition, celui de l'homme adulte ; l'orgueil appartient aux plus forts, quel que soit le sexe, mais, quand l'organisme s'affaiblit, lui-même décline et offre les aspects d'une ambition ridicule ou d'une vanité maladive. C'est le dernier terme : il rejoint l'enfance ou bien, quand la désorganisation mentale s'aggrave, s'achemine vers le délire.

Origine biologique de l'orgueil. — Pour discerner les causes profondes de l'orgueil, il faut remonter à son origine biologique. Comme l'a rappelé F. LE DANTEC, la

matière vivante se distingue de la matière brute en
ce qu'elle est conquérante d'espace. Quand elle manifeste ses propriétés, la matière brute se transforme
(acide + base = sel), la matière vivante augmente sa
propre masse (levure + moût = n levure + [alcool,
acide carbonique, etc.]). La conservation s'exprime
donc, biologiquement, d'abord pendant la jeunesse,
par une conquête d'espace (développement de l'œuf),
puis, à l'âge adulte, non seulement par la conservation
et la défense de l'espace occupé, mais encore par une
extension de cet espace au moyen de la reproduction,
qui équivaut à une occupation de plus en plus grande
par une même substance vivante spécifique. Mais
l'homme n'a pas que des relations strictement méca-
niques; son évolution lui a créé des relations psychiques
et sociales, qui, pour être d'un autre ordre, obéissent
cependant aux mêmes lois fondamentales, et c'est pourquoi l'homme, si modeste que soit sa sphère, tend à
étendre autour de lui son influence, à dominer, à assimiler : la domestication des animaux, l'esclavage et
certaines institutions politiques viennent de là. Dans
l'un comme dans l'autre cas, le même mécanisme intervient et, par conséquent, les mêmes restrictions s'imposent. Un œuf donné ne peut produire qu'une quantité
de matière vivante limitée, d'abord par son espèce,
puis, dans sa force reproductrice, par la concurrence
vitale et les conditions du milieu ; un cerveau humain
ne peut exercer son rayonnement que dans la mesure
de ses qualités et des circonstances qu'il rencontre.
L'œuf d'un ciron ne saurait prétendre à avoir le développement de celui d'une baleine, ni le cerveau d'un faible
ou d'un médiocre à posséder l'influence dominatrice
d'un NAPOLÉON ou d'un PASTEUR. S'il y prétend cependant, c'est que l'instinct de la conservation, le senti-

ment de sa valeur et de son pouvoir, est exagéré et dévié. La fable de *La Grenouille qui veut se faire aussi grosse que le bœuf* a une portée aussi bien biologique que morale.

Le sentiment cénesthésique. — La conquête de l'espace découle des propriétés de la matière vivante ; l'idée que nous nous faisons de notre valeur et par conséquent de notre puissance dérive du sentiment cénesthésique.

D'après HÖFFDING, la cénesthésie est la tonalité qui résulte de l'état total de l'organisme, de la marche normale ou anormale des mouvements vitaux et particulièrement des fonctions végétatives. De leur côté, MM. DENY et CAMUS la définissent : le sentiment que nous avons de notre existence, à l'état normal, qui dérive de tous nos organes et tissus, y compris même les organes des sens. Ainsi que l'indiquent ces définitions, et comme l'a montré BEAUNIS à la suite de ses recherches et de celles de beaucoup de physiologistes, ce sentiment est l'aboutissant de deux sortes d'impressions : suspensions de fonctions ou besoins, et marche de fonctions : équilibre, attitudes, sensation musculaire, douleur et plaisir. A l'état normal, il est agréable et correspond au bien-être ; il devient pénible (malaise), si les impressions de suspension ou de fonctionnement anormal l'emportent sur les impressions d'activité correcte. Mais, en définitive, une cause essentielle le règle, c'est la circulation ou, pour mieux dire, la tension sanguine ; l'état de besoin est accompagné d'une diminution de pression, l'état de fonctionnement d'une augmentation appropriée. Par conséquent, la circulation équilibrée entre les divers appareils et sa tension suffisante déterminent la force du sentiment cénesthésique, au moins d'une manière générale, car il semble que la tension intracérébrale joue un rôle assez important, puisque, à certains moments,

les hypotendus peuvent faire des périodes d'euphorie,
quand, pour une raison quelconque, leur cerveau se
congestionne, ainsi qu'on le voit chez les névropathes
et chez certains infectés, comme les tuberculeux. Or,
nous l'avons déjà maintes fois indiqué, c'est le sympathique qui détermine la vaso-motricité et par suite la
tension vasculaire générale et locale, et qui, par là, déclenche l'émotion et les manifestations de l'affectivité.
On comprend donc que tout désordre du sympathique
vaso-moteur altère et dévie les instincts, et que, si
le sentiment vital est, sous cette influence, en baisse,
il produise la dépression et les états mélancoliques ;
s'il est, au contraire, en hausse, l'euphorie et l'orgueil.

La cénesthésie existe chez les vertébrés supérieurs
et, à certains moments, paraît s'accuser suffisamment
pour que leur aspect nous donne l'idée de l'orgueil.
C'est le cas du cerf, par exemple, s'étant assuré, après
un combat, la possession des femelles. Chez d'autres
animaux, le paon, le dindon qui font la roue, ou bien
le faisan, la gelinotte, etc., à l'époque de la courtisation,
on observe quelque chose de tout à fait comparable
à la vanité. Sans doute, l'instinct sexuel est ici en jeu,
mais il n'est pas encore satisfait, et la tension qu'il produit accroît l'état cénesthésique et détermine des manifestations analogues à celles de la vanité et de l'orgueil
humain.

Évidemment, chez l'homme et la femme, il en est
de même ; toute conquête, tout succès, qu'ils soient
sexuels ou non, déterminent un sentiment de satisfaction intense et même d'orgueil. Mais il y a une différence
entre ces sentiments occasionnels et passagers et l'orgueil
vrai, passionnel, qui persiste ou, du moins, ne subit que
d'assez faibles oscillations ; à celles-ci, l'ambition, la
vanité surtout sont beaucoup plus exposées, parce

qu'elles appartiennent, on le sait, à des sujets moins forts, dont le sympathique est moins bien équilibré et, par conséquent, l'état cénesthésique moins stable. Analysons donc de plus près cet état chez ces divers passionnés.

Influence du tempérament. — Nous avons vu que, d'une manière générale, la vanité se rencontre de préférence chez la femme, l'enfant, le faible ; l'ambition chez l'homme, et l'orgueil chez le fort des deux sexes. Mais ces expressions, faible et fort, ne doivent être prises que dans un sens relatif et par rapport au sentiment vital. Les gens qui sont absolument faibles, qui subissent une grande dépression n'ont aucune idée d'orgueil, d'ambition ou de vanité ; la maladie ou même un grand revers les mettent à plat. Et cependant, il y a des exceptions. Sous l'empire d'une excitation, action bien faite, alcool, morphine, des psychasthéniques déprimés, dont la tension s'est un peu relevée sans atteindre l'état normal, ont des bouffées de vanité et d'orgueil. DAGONET a cité (1) le fait curieux d'une mélancolique dont la santé était très altérée et qui, tout à coup, reprit des forces, engraissa, mais tomba dans la mégalomanie. Ainsi, chez les déprimés, la simple hausse de la tension peut, par comparaison avec les états antérieurs, favoriser la production de sentiments apparentés à l'orgueil. D'autre part, ni les enfants, ni les femmes ne sont nécessairement des déprimés, il s'en faut ; mais, justement à cause de leur grande émotivité, leur cénesthésie est extrêmement variable, oscillante, et c'est là ce qui fait leur faiblesse vis-à-vis de ceux dont la cénesthésie est à la fois stable et forte. Pas plus que les enfants et les femmes, ceux-ci ne sont cependant toujours

---

(1) *Traité des maladies mentales*, p. 360.

de l'orgueil. Il faut donc, pour cela, qu'à un état cénesthésique favorable s'ajoute une certaine prédisposition.

Cette prédisposition, les anciens la trouvaient dans
le tempérament sanguin. Pour DESCURET même, les
sanguins, les pléthoriques nerveux sont particulièrement
disposés à l'orgueil, tandis que les bilioso-nerveux le
seraient plutôt à la vanité, pour les mêmes raisons qu'ils
le sont déjà à la jalousie. Aujourd'hui, le tempérament
sanguin a perdu sa signification d'autrefois et s'est, en
quelque sorte, démembré dans le type digestif, le type
musculaire et même le type respiratoire. Il répond néanmoins à une certaine catégorie assez bien définie d'individus qui se caractérisent par l'état floride, la pléthore
abdominale, l'hypertension portale, la richesse et la
viscosité du sang, et que la clinique range parmi les
préarthritiqu ou les arthritiques à la période de défense.
Mais, à côté de ces « sanguins », il y a d'autres individus,
qui se montrent sujets à l'orgueil, à l'ambition et à la
vanité surtout, et qui n'ont pas le même aspect : ce sont
des personnes plus ou moins délicates et fragiles, pâles
ou amaigries, dyspeptiques, hépatiques, névropathes.
Elles ne sont pourtant pas sans rapport avec les premières, car la plupart appartiennent à des familles
arthritiques ou sont, à un titre quelconque, des surmenés ; elles présentent en outre, et c'est une de leurs
caractéristiques particulières, une grande instabilité
vaso-motrice qui explique d'ailleurs les perpétuelles
oscillations de leur cénesthésie ; elles ne seraient donc
pas sans ressemblance avec les asthéniques coléreux —
et de fait il n'est pas rare de voir la colère, la vanité,
l'ambition se juxtaposer — si chez celles-là l'optimisme,
autrement dit une tension moyenne plus élevée, n'était
pas beaucoup plus constant que chez celles-ci. Les courbes

de leur pression respectives ne sont donc pas au même niveau et, quand elles se rejoignent, c'est, ou bien par une ascension de celle du coléreux répondant à une crise, ou par une chute de celle du vaniteux répondant à un échec, à un froissement d'amour-propre. Par conséquent la prédisposition à l'orgueil et à ses dérivés me semble essentiellement constituée par un état diathésique maintenant assez haute la pression vasculaire et par suite le sentiment cénesthésique, non toujours par pléthore sanguine, mais aussi par vaso-constriction d'origine toxique.

Influence de la race et du milieu. — Tous les peuples, toutes les races ont leurs vanités, leurs ambitions, leur orgueil. On en pourrait dresser un tableau très curieux. L'Anglais a la vanité de ses chevaux, l'ambition de dominer le monde par la maîtrise des mers, l'orgueil de son origine ; l'Américain du Nord lui ressemble, quoique ses passions soient plus jeunes ; s'il est vaniteux de sa richesse et ambitieux de puissance économique, il a l'orgueil de certaines idées morales. Les Allemands, qui, pris en bloc, sont des espèces de mégalomanes, poussent à la caricature ; ils se vantent de tout ce qu'ils font, aussi bien du bon que du mauvais, et visent à l'hégémonie universelle parce qu'ils s'estiment la race supérieure, dépositrice de la pensée divine. Comme l'Italien, l'Espagnol est orgueilleux de son passé. Quant au Français, il est plus vaniteux de son esprit qu'orgueilleux de ses qualités foncières et de son histoire ; il n'a que des ambitions médiocres et ceux qui aujourd'hui l'accusent, en tant que nation, d'impérialisme sont vraiment ignorants de son caractère actuel. De cet aperçu, qu'il serait peut-être intéressant de creuser plus profondément, nous ne pouvons guère tirer de renseignements sur la question qui nous occupe.

L'action du milieu social nous en fournit davantage.
Comme l'a noté M. Boigey, les conventions de la vie
civilisée, petits mensonges, compliments, flatteries, etc.,
favorisent, entretiennent ou développent la vanité,
l'ambition et l'orgueil. Chez l'enfant, la faiblesse des
parents et leur adulation imprudente ne constituent-
elles pas des aiguillons pour la vanité, comme l'excessive
galanterie chez la femme? Les louanges intéressées des
clients et les compliments des amis ne poussent-ils pas
l'homme à s'en croire ? Or, ces influences s'exercent
principalement à un certain niveau social, dans un milieu
relativement cultivé et aisé, en d'autres termes dans les
familles arthritiques ou en train de le devenir. Faites,
autour de vous, le compte des vaniteux, des ambitieux,
des orgueilleux, et voyez si presque tous, la grande
majorité au moins car il faut faire la part des surmenés
et des intoxiqués, n'ont pas des parents goutteux,
obèses, diabétiques, rhumatisants, migraineux, eczéma-
teux, névropathes, et comprenez alors que, chez ces
gens-là, les louanges, les flatteries, prodiguées à tout
propos et parfois dès l'enfance, ont été parfaitement
capables d'orienter le sentiment cénesthésique et de le
dévier dans le sens de la vanité, de l'ambition ou de l'orgueil, suivant les cas. Et, à côté des effets de la « politesse » sociale, n'oublions pas de mentionner ceux qui
résultent de l'état économique et de l'état politique, la
fortune et l'intrigue se substituant au vrai mérite et
ouvrant, aux plus médiocres, des perspectives illimi-
tées. Que sont ces médiocres bouffis d'orgueil ou rongés
d'ambition ? Pas seulement des ouvriers paresseux
et soiffards, dont le bagout a fait des meneurs de grèves
ou des députés influents ; mais aussi et surtout des
hérédo-arthritiques, des surmenés, des intoxiqués, chez
lesquels la cénesthésie artificiellement tendue a exagéré

et dévié la valeur de la personnalité. Ainsi, relations sociales aussi bien que conditions économiques et politiques actuelles apportent, par la manière dont elles agissent sur le sentiment cénesthésique, un appui au moins indirect à la théorie que nous avons esquissée plus haut.

*
* *

Dangers de l'orgueil et de l'ambition. — Par ce que nous venons de dire, on pressent que la santé du vaniteux et de l'ambitieux ne peut être la même que celle de l'orgueilleux. Les premiers, en effet, se portent d'ordinaire assez médiocrement et présentent les malaises et les troubles de l'hérédité ou des intoxications qui le .t faits ce qu'ils sont ; chez eux, maladies du tractus gastro-intestinal et du foie, des reins et des vaisseaux s'observent presque couramment. Mais ils sont détournés de leurs indispositions et de leurs souffrances par les préoccupations passionnelles qui les absorbent complètement, à ce point que, même lorsque ces souffrances deviennent vives, ils en triomphent si l'occasion se présente de satisfaire leur vanité. Des hommes, des femmes, malades, à bout de force, presque mourants n'hésitent pas à s'exhiber dans des réunions, des fêtes, à tenter des démarches, à solliciter des places ou des honneurs. Il faut noter, en outre, que la vanité et l'ambition se doublent parfois d'autres passions, la jalousie, l'envie, l'amour, qui contribuent à détacher l'esprit des troubles physiques. On s'en aperçoit en particulier chez les femmes; certaines grandes ambitieuses ont offert de singulières résistances, ainsi qu'ÉLISABETH et CATHERINE II en portent témoignage. Tout cela se paie pourtant et assez vite, dès que, les accidents somatiques s'aggravant, la tension baisse, le sentiment cénesthésique fléchit avec la passion elle-même. Quand donc le vaniteux et l'ambitieux ne meurent pas sur la brèche, la fin de leur existence est souvent très pénible, assombrie encore par le sentiment de la déchéance et de l'impuissance, acheminement fréquent vers la psychasthénie. Pendant les révolutions, au cours desquelles l'ambition a si beau jeu, les mégalomanes doublent de nombre dans les asiles (BOIGEY).

L'orgueilleux a une santé meilleure, en général, et il est d'ailleurs souvent convaincu que la maladie demeure sans prise sur lui. C'est à la force de son sentiment cénesthésique qu'il doit cette croyance. Il n'en court pas moins des risques sérieux et d'abord la mort précoce et subite. En effet, les pléthoriques et les hypertendus ressentent fortement le contre-coup des émotions sthéniques, et il n'est pas exceptionnel de les voir, sous cette influence, succomber en plein triomphe.

A ces dangers intérieurs, qui découlent de la constitution et de la maladie dont la vanité, l'ambition et l'orgueil ne sont qu'une expression ou une orientation particulières, s'ajoutent ceux qui proviennent de l'extérieur, des relations spéciales que ces passions établissent entre les hommes. Le vaniteux ne s'expose guère qu'à des moqueries, et, s'il s'agit d'une femme, c'est le mari ou l'amant qui en paie les frais. Mais l'ambitieux et l'orgueilleux courent des risques plus sérieux ; ils n'ignorent point que chaque satisfaction qu'ils se procurent amasse contre eux l'envie, la colère et la haine. Quelle sera la suite de ces rancunes et des vengeances qu'elles préparent ? Dans la vie privée, c'est la perte de situation, la ruine, le désastre familial ; pour un homme public, c'est tout cela et pis encore. On n'en finirait pas si l'on voulait donner la liste de tous ceux qui ont misérablement

ou tragiquement fini. Un exemple, emprunté à DESCU-
RET (1), suffira. Sur les 76 présidents de la Convention
Nationale, 18 furent guillotinés, 3 se suicidèrent, 8 ont
été déportés, 6 incarcérés, 22 mis hors la loi et 4 enfermés
dans des asiles d'aliénés.

Conséquences sociales. — Orgueilleux, ambitieux,
vaniteux, quel qu'il soit, ce passionné est un égoïste
féroce, un impitoyable tyran. Le *Hoc volo, sic jubeo,
sit pro ratione voluntas* que JUVÉNAL met dans la bouche
d'une femme impérieuse lui appartient. Dans la famille,
déjà, il asservit tout et tous à ses desseins, et y sacrifie
les intérêts les plus immédiats et les plus pressants. Bien
plus redoutables encore sont les conséquences pour la
collectivité quand il remplit une charge de l'État ou
occupe le pouvoir, puisque, comme le dit MASSIL-
LON (2), « il préfère alors voir les affaires publiques péri-
cliter entre ses mains que prospérer par les soins de ses
rivaux, et c'est pourquoi, de peur que ceux-ci ne le sup-
plantent, il ruine leur influence par l'intrigue, la ca-
lomnie, le mépris de toute justice et de tout droit ». Et,
par son action personnelle directe, il n'est pas moins
funeste à la société. Sans doute, de grands ambitieux
ou orgueilleux ont, en raison de leur haute intelligence,
rendu parfois d'éminents services au pays ; mais combien
d'autres ont provoqué les catastrophes et accumulé les
ruines. A chacune de ses pages, et les plus récentes,
l'histoire en fournit les preuves.

Ce n'est pas le lieu de les répéter, mais nous devons
cependant faire, à ce propos, une remarque, déjà indiquée
par JACOBY et par M. G. LE BON. Il semble que les
schismes religieux aient à leur source l'orgueil et les révo-

____

(1) *Op. cit.*, p. 589. Voir aussi p. 581.
2) *L'ambitieux*, cité par DESCURET, *op. cit.*, p. 574.

lutions l'ambition. Et, en effet, par l'idée de la valeur personnelle absolue et la contemplation de son propre esprit, l'orgueil s'allie aisément à un certain mysticisme. Voyez Arius, Luther. Et n'est-ce pas par l'orgueil bien plus que par la luxure qu'Henri VIII fut poussé à se séparer de l'Église romaine et à fonder l'Anglicanisme ? Prépondérant aussi est, dans les révolutions, le rôle de l'ambition, de la soif du pouvoir, des richesses et des honneurs (1). Macaulay pour l'Angleterre, Taine pour la France en ont solidement étayé la démonstration. Sous nos yeux mêmes, que sont ces révolutionnaires qui s'agitent, sinon des ambitieux, depuis Karl Marx, qui posait au *pontifex maximus*, jusqu'à Lénine, qui prétend plier l'univers à son *syllabus*. En eux, d'ailleurs, il y a du mysticisme orgueilleux, et c'est ce qui donne, à leur doctrine, cette allure religieuse qu'a bien soulignée M. G. Le Bon. Bornons-nous à ces indications sommaires auxquelles chacun apportera ses objections ou son approbation, et, mélancoliquement, constatons que l'exaltation du sentiment cénesthésique, par suite d'imprudences, d'excès, des maladies de quelques-uns, a coûté, sous une forme ou sous une autre, très cher à l'humanité.

Difficulté du traitement. — Avec l'orgueil, la vanité et l'ambition, qui sont des passions à manifestations intellectuelles dominantes, la thérapeutique aborde un

(1) Lombroso et R. Laschi (*le Crime politique et les révolutions*) définissent la Révolution la rupture violente qui se produit par suite d'un désaccord entre la situation sociale et politique et les progrès accomplis. Cette définition est assez exacte et fait comprendre combien les changements de valeur favorisent l'ambition. Voir aussi les curieux articles de Bergeret et Luxier, la Politique et la folie (*Gaz. des hôpitaux*, avril 1886).

terrain encore plus difficile. Non seulement les troubles somatiques sont souvent réduits au minimum et n'apparaissent qu'après des recherches minutieuses, mais encore le sentiment cénesthésique, étant subjectif, échappe à notre appréciation, et la mesure de la tension vasculaire ne saurait être regardée ici comme un discriminant suffisant. C'est donc l'*habitus*, appuyé sur les renseignements que le sujet fournit lui-même, qui guidera le diagnostic et le traitement.

Mais quel traitement ? Si l'on extériorise quelques malaises, quelques altérations de la sphère digestive, hépatique, circulatoire, rénale, endocrinienne, il faut, bien entendu, les soigner, mais en prenant certaines précautions qui sont déjà d'ordre psychologique. A moins qu'il ne souffre beaucoup, l'orgueilleux se plie difficilement aux prescriptions ; l'ambitieux veut être guéri tout de suite parce qu'il n'a pas de temps à perdre avec le médecin, et « pour soigner les vaniteux, il faut le grand jeu et toute la Faculté », comme le dit très bien M. Ch. Fiessinger. C'est qu'ils s'imaginent être autrement que les autres, avoir des troubles qui sortent du commun et devoir requérir, en conséquence, des lumières particulières. Quand on leur accorde cette satisfaction, ils écoutent parfois les conseils, encore qu'ils ne les suivent pas toujours.

Il est impossible de donner le détail d'un traitement qui varie presque du tout au tout avec les individus ; dans tous les cas cependant la même indication générale demeure : équilibrer le fonctionnement, l'atténuer quand il est trop intense, le remonter et le régulariser quand il est trop faible et oscillant. Par suite, chez l'orgueilleux à cénesthésie tendue : régime sobre, végétarien, rafraîchissant, suivant l'expression de Descuret, bains tièdes, exercices physiques nombreux, variés et bien réglés, au besoin cure alcaline et hypotenseurs doux. Chez le vaniteux à cénesthésie dépressible, d'ailleurs souffrant souvent tantôt de l'estomac et de l'intestin, tantôt du foie, ayant des palpitations, des vertiges, le régime doit tenir compte des troubles pour les amender, sans perdre de vue la nécessité de reminéraliser et tonifier le système nerveux, de modérer ou plutôt de rééduquer l'émotivité : hydrothérapie croisée, gymnastique d'entraînement progressif, cure forestière et d'altitude. Surveiller la constipation. De médicaments, point ou très peu et, à moins qu'on y attache une idée psychothérapique, s'abstenir même des prétendus toniques qui ont plus d'inconvénients que d'avantages, parce que les malades en abusent aisément.

En somme, cette thérapeutique est affaire d'espèce, et chaque sujet réclame la sienne, à laquelle on n'arrive parfois qu'après des examens répétés et de longs tâtonnements. N'oublions pas, en outre, qu'il faut aussi rechercher les passions diverses qui, si souvent, se superposent à l'orgueil et viennent le compliquer, faute de quoi on s'expose à des surprises désagréables. Insuffisamment soignée, une dame coquette et ambitieuse, qui ruinait sa famille, devint ensuite cruellement jalouse, parce que le médecin ne s'était pas aperçu qu'elle avait le foie déficient ; l'opothérapie hépatique la guérit, en effet, définitivement de toutes ces misères physiques et morales. Qui ne connaît, au surplus, l'histoire de ce littérateur de talent, lequel, guéri péniblement d'un orgueil insupportable qui l'avait brouillé avec tout le monde, tomba dans l'absinthisme. C'était un cénesthésique à grandes oscillations ; déprimé par un traitement sans précautions, réduit à une faible tension, il chercha dans l'abus des apéritifs le moyen de se remonter.

L'action intellectuelle et morale. — L'orgueil étant une

passion d'allure intellectuelle, on pourrait supposer, *a priori*, qu'elle donne une certaine prise au raisonnement. Nullement ; ceux qui fréquentent les orgueilleux s'en rendent compte. Il y avait, à Paris, un professeur très orgueilleux de son savoir et de ses découvertes ; à l'entendre, il était le premier de sa partie. On s'imagine que, dans le domaine scientifique, il est facile de convaincre quelqu'un d'erreur puisqu'il s'agit de faits. Un savant ordinaire peut-être, mais non un orgueilleux, ayant l'idée fixe de sa valeur absolue ou presque. Celui dont il s'agit ne consentit jamais à admettre qu'il avait pu se tromper et il refusait impitoyablement les étudiants qui avaient l'air de ne pas considérer ses erreurs comme des vérités révélées. Cependant tous les orgueilleux ne sont pas de cette trempe et quelques-uns, et surtout certains vaniteux et ambitieux, paraissent accessibles au sentiment de la *relativité* et de la *sécurité* quand on sait profiter d'un échec ou d'une dépression occasionnelle pour les exciter. Sans aller jusqu'au *Quid hoc ad œternitatem*, le médecin peut faire valoir la faible importance des objets de la vanité ou de l'ambition au regard de la santé, du bonheur familial, de la sécurité et de la tranquillité personnelles ; par des conversations patientes, une persuasion lente, on arrive à détacher quelquefois le sujet de ses habituelles préoccupations. Cependant, et principalement pour les orgueilleux, ces sentiments n'ont de prise réelle, ne sont vraiment compris que si le traitement somatique a déjà ramené la cénesthésie vers l'équilibre.

Le changement de milieu est également à considérer. DESCURET vantait l'heureuse influence de la société des gens calmes et contents de leur sort ; il recommandait aussi de donner à l'orgueilleux l'exemple de la modestie. Malheureusement, ces excellents conseils sont d'une mise en pratique difficile : le vaniteux, l'ambitieux ne recherche que la société des gens qui le flattent et fuit celle des autres ; s'il vient à fréquenter ces derniers, c'est par hasard ou bien qu'il est déjà en bonne voie de guérison. Prêcher, même d'exemple, la modestie à l'orgueilleux est illusoire, attendu que, dans son for intérieur, il se trouve simplement juste pour ses hautes qualités. Ceci dit, on ne saurait néanmoins nier que, chez l'enfant, plus malléable et que l'on peut contraindre par des habitudes, l'exemple de la modestie raisonnable et des aspirations légitimes n'exerce la plus heureuse influence.

Quant aux grands procédés de la psychothérapie, ils ne trouvent leur justification que chez les névropathes dont la vanité ou l'ambition représente une forme de l'obsession à côté de beaucoup d'autres. Le péché d'orgueil est le péché des forts ou de ceux qui se croient forts, et c'est une des raisons pour lesquelles il demeure souvent rebelle à tous les traitements.

CHAPITRE VIII

L'AVARICE

L'instinct d'épargne et sa déviation. — L'avarice est un nouvel exemple de la déviation d'un instinct, l'instinct d'épargne, qui, lui-même, ne représente qu'une forme et un prolongement de l'instinct de conservation.

D'après M. Rogues de Fursac, qui a consacré à l'avarice une monographie très intéressante (1), l'instinct d'épargne est subordonné, chez les animaux, à quatre conditions : la disette périodique, l'impossibilité de l'émigration, la vie sédentaire et enfin la récolte d'aliments se prêtant, comme les graines, à une longue conservation. Chez l'homme, à l'époque primitive, ces conditions agissent encore presque intégralement pour assurer la vie individuelle et la vie familiale; puis, peu à peu, par l'effet de l'expérience, de la réflexion, de la complication grandissante des relations sociales, elles se transforment et, désormais, l'instinct d'épargne va porter, au moins dans la plupart des cas, non sur les produits eux-mêmes, mais sur ce qui les représente, soit en valeur réelle, comme les métaux précieux, soit en valeur fiduciaire, comme les lettres de change et les billets de

(1) *L'Avarice, essai de psychologie morbide.* Alcan, 1911.

banque. A ce dernier stade de son évolution, cet instinct ne demeure conforme aux exigences de la morale collective que si les richesses qu'il accumule ne sont pas improductives, c'est-à-dire que si elles sont sans cesse remises en circulation sous forme d'entreprises industrielles ou commerciales, par exemple, de prêts à l'État, de fondations scientifiques ou charitables, etc. Au contraire, quand les richesses sont amassées pour elles-mêmes et comme une fin, sans en faire un moyen d'achat pour d'autres biens, quels qu'ils soient, plaisirs, objets d'art, elles se trouvent momentanément et parfois définitivement soustraites au capital collectif qu'elles appauvrissent d'autant, et l'instinct d'épargne, bien loin d'être utile à la société, lui devient nuisible. C'est cette déviation qui constitue l'avarice.

Or, l'instinct d'épargne n'est qu'une extension de l'amour de la propriété, au fond duquel résident le sentiment de la force et le besoin de domination, attendu que la richesse est un des moyens dont, avec la vigueur musculaire et l'intelligence, l'homme dispose pour imposer sa volonté aux autres. Mais, dans l'avarice, tous ces sentiments sont déviés de leur fonction naturelle, qui est la puissance en action et qui se réalise, puisque, comme le dit 'Th. Ribot, l'avare accumule de la puissance sans la dépenser ni l'utiliser à quoi que ce soit.

Psychologie de l'avare. — Cette cristallisation de sentiments a pour conséquences des traits psychologiques que M. Rogues de Fursac a bien décrits et qu'il suffira de résumer.

Si l'avare conserve une conscience, une perception et une mémoire parfaitement normales, il manque d'imagination : d'où ses idées étroites, ses préoccupations mesquines qui justifient l'ennui qu'il répand autour de lui et l'aversion qu'il inspire. Aimant la solitude, partie par méfiance, partie par défaut d'affectivité, très peu pitoyable pour lui-même et encore moins pour les autres, il est extrêmement cachottier, n'aime pas qu'on l'interroge et ne parle jamais de ses affaires. Combien d'avares meurent sans qu'on puisse découvrir où sont enfouis leurs trésors ! Avec des tendances expansives ainsi réduites au minimum, il ne saurait avoir que l'horreur des fréquentations, des contacts sociaux, le mépris ou l'ignorance de l'altruisme et de la solidarité; mais, d'autre part, ses tendances défensives, poussées en revanche au maximum, le portent à craindre la spéculation et le risque, donc à se montrer plus jaloux de conserver que d'acquérir, et, par suite du sentiment de méfiance, d'insécurité, corrélatif de la possession, il cherche à accumuler la richesse sous sa forme la plus solide, l'or, et simultanément à la dissimuler. Il en résulte une absence totale de dignité, qui incite l'avare à accomplir les besognes les plus répugnantse pour économiser quelques sous et même à mendier.

Cependant, et par un contraste assez singulier que MOLIÈRE n'a pas manqué de mettre en relief, la vanité, passion comme on l'a vu essentiellement expansive, vient parfois se superposer à l'avarice et en masquer certaines manifestations. C'est que d'abord l'avare ne paraît pas se douter de la passion qui le domine ; son épargne sordide, il la considère comme une simple mais stricte économie commandée par le malheur des temps et l'incertitude de l'avenir ; par conséquent, la faiblesse de son jugement ne lui permet pas de rester insensible à certaines flatteries, de résister complètement à certains entraînements contre lesquels son avarice proteste, amenant ce conflit, dont « Harpagon » nous fait une si saisissante peinture. En outre, l'avarice n'est

pas une passion impulsive comme la gourmandise,
la luxure ou la colère. Au contraire, l'avare est toujours
de sang-froid. « Nul n'est plus maître de ses réactions. »
Chacun de ses actes est calculé, rien ne l'en fait dévier
et il oppose un visage impassible et une volonté de fer
aux sollicitations, aux embûches et aux menaces. Cette
volonté est une de ses caractéristiques ; dépendant de
l'idée fixe, ferme comme elle, et comme elle tendant
sans cesse à la réalisation, elle s'impose à l'entourage,
et, par là, procure une satisfaction certaine, parfois
teintée de vanité. On est surpris de voir des gens,
femmes, enfants, domestiques, se plier aux habitudes
de l'avare, supporter sa tyrannie, les privations qu'elles
comportent, sans chercher à s'y soustraire, le servir
fidèlement, et devenir eux-mêmes avares. Il est vrai
que cette action s'exerce le plus souvent sur des êtres
faibles, mais elle n'en démontre pas moins la puissance
dominatrice et, en quelque sorte, contagieuse de l'idée
fixe, que personne peut-être n'a su aussi bien analyser
et décrire que Balzac dans *Eugénie Grandet*.

Physionomie et comportement de l'avare. — Exagéré
et dévié, l'instinct d'épargne élimine dans une grande
mesure, ainsi qu'on vient de le voir, les autres sentiments et donne à l'avare une unité psychologique à
laquelle sa vie est entièrement subordonnée. Il s'en suit
une physionomie et un comportement qui lui sont spéciaux et dont nous allons rappeler quelques traits pour
compléter le tableau précédent.

L'avare est, en général, maigre, parfois émacié, ce
qui paraît tenir surtout à son régime d'extrême restriction : il mange tout juste pour ne pas mourir de
faim ; il est, en outre, indifférent au confort, à la propreté, au froid, à toutes les privations. On en a vu succomber de misère sur des grabats qui renfermaient une

fortune. Et pourtant l'avare jouit d'ordinaire d'une bonne santé et vit jusqu'à un âge avancé, souvent sans grandes infirmités. A cela, on peut admettre deux raisons : la première, c'est que son alimentation réduite le protège contre beaucoup de maladies et peut même améliorer et guérir des troubles diathésiques éprouvés auparavant ; de plus, son activité limitée et régulière le soustrait à tout surmenage et son souci de l'isolement à des contagions éventuelles. La seconde est que l'avarice est une passion le plus souvent tardive ; les personnes qui en sont atteintes arrivent donc à un âge où l'immunisation est au maximum et le risque sanitaire au minimum, du moment qu'elles évitent les imprudences et les excès, ce qui est précisément le propre de l'avare. D'ailleurs, il faut noter que sa sobriété et sa manière de vivre fortifient plus qu'on ne croit son endurance, qu'il ne souffre pas beaucoup des privations qu'il s'impose librement et enfin qu'il trouve à sa portée et sans cesse la joie la plus extrême à la contemplation et au maniement de son trésor. Dans ces circonstances, que ne trouble aucune préoccupation de famille, de charité ou de solidarité sociale, l'avare rencontre un ensemble de facteurs très favorables à la conservation de la santé. Le seul nuage qui obscurcisse son ciel est une invincible méfiance, méfiance des indiscrets, des voleurs, de tout et de tous, contre quoi il s'ingénie sans cesse à trouver de nouvelles précautions et de plus sûres cachettes. Cette méfiance excessive est, en quelque manière, la rançon de sa passion satisfaite et, à plus d'une reprise, elle lui devient funeste, soit que, par les allées et venues, elle donne l'éveil aux malintentionnés, soit que, poussée à bout, elle incline peu à peu vers le délire de persécution. Enfin M. ROGUES DE FURSAC a insisté sur ce fait que l'avare criminel ou délinquant est une exception. Son froid calcul lui permet de rester dans les limites de la loi, même en matière de prêts, ce qui est parfaitement en accord avec son horreur de la spéculation et du risque.

Les pseudo-avarices. La cupidité. — A côté de l'avarice que nous avons décrite et s'y apparentant, M. Rogues de Fursac place ce qu'il nomme les pseudo-avarices, déviations de signification moins grave.

La première en importance est la cupidité. « Quand, dit Bossuet (1), on regarde l'argent comme un instrument pour acquérir d'autres biens par exemple, ou pour acheter des plaisirs, ou s'avancer dans les grandes places du monde, on n'est pas avare, on ⸱st sensuel, ambitieux. Celui qui n'ose toucher à son argent, qui n'en est que le triste gardien et semble ne se réserver aucun droit que celui de le regarder est proprement ce qu'on appelle avare. » Donc, la cupidité est plus complexe que l'avarice, car, s'il y entre l'amour des richesses, le désir du bien d'autrui, ce n'est que pour l'utiliser à la satisfaction d'autres passions, la sensualité, l'ambition. Mais il n'y a pas seulement complexité plus grande, il y a aussi opposition de caractère avec l'avarice. « L'avare est attaché à sa propriété, écrit M. Rogues de Fursac (2), le cupide convoite la propriété d'autrui ; l'avare garde, le cupide prend ; l'avare évite de dépenser, le cupide cherche à acquérir ; l'avare diminue ses points de contact avec le monde extérieur, le cupide les multiplie ; l'avare a la terreur du risque, le cupide sait, quand il le faut, être hardi ; l'un et l'autre sont des fléaux pour la société, mais la nocivité de l'avare est surtout négative, celle du cupide positive. » Toutefois, il ne faut pas considérer que les formes extrêmes de la

<hr>

(1) Cité par Rogues de Fursac, *op. cit.*, pp. 167-168.
(2) *Op. cit.*, pp. 168-169.

cupidité. Chez tout individu qui a le désir d'arriver, on la retrouve, quoique fort atténuée et mélangée sans doute d'ambition ou de vanité, aussi d'un peu d'envie, et constituant un état mental très répandu, à peine désadaptatif dans les conditions de l'âpre lutte économique et dont les tendances s'éloignent d'ailleurs de plus en plus d'un instinct d'épargne exagéré.

Nous avons vu que l'avare paie tribut à la méfiance et à la crainte. VAUVENARGUES faisait même de ce sentiment un des éléments de l'avarice. En réalité, il n'est essentiel et dominant que dans une forme de pseudo-avarice caractérisée par la pusillanimité : c'est la peur de manquer qui fait accumuler les richesses. Entre le pusillanime et l'avare, il y a des ressemblances : grande restriction des dépenses et des contacts sociaux, horreur du risque, etc., — et c'est pourquoi on confond souvent ces deux déviations instructives — mais il y a aussi des différences appréciables, car le pusillanime ne se préoccupe pas exclusivement de maintenir et d'accroître sa fortune pour elle-même ; il s'inquiète aussi de sa santé et de l'avenir des siens, et c'est pour les garantir qu'il amasse. Plus imaginatif, et par conséquent bouleversé par la moindre chose, il semble aussi moins égoïste, et les privations qu'il juge indispensables, il se les impose à lui-même plus encore qu'aux autres. En somme, type de faible, d'asthénique, qui n'est séparé que par quelques degrés de l'économe normal, mais qui aussi, de par les tendances dépressives dont il s'atteste victime, peut pencher vers l'hypocondrie et la mélancolie.

A l'inverse, on observe quelquefois un autre type chez lequel s'exaspère le conflit, déjà signalé, entre l'avarice et la vanité et dont la première n'est pas toujours le bon marchand. Il a été signalé par M. Ch. FIES-

SINGER (1) et j'en ai rencontré plusieurs exemples. Ce sont des femmes autoritaires et acariâtres, pliant l'entourage, mari, enfants, domestiques, à leurs exigences, imposant à tous les plus dures privations, détenant jalousement la bourse, reprochant sans cesse aux autres de ne pas gagner assez d'argent, de ne pas savoir se débrouiller ni passer sur le dos des camarades. Pour leur compte intrigantes et quémandeuses, elles n'entendent pas se priver des satisfactions d'une vanité futile, mais, et c'est ce trait qui les singularise, elles achètent, même riches, des bijoux en toc et de belles robes à la revendeuse. A qui appartient ce type, à la vanité ou l'avarice ? Si l'on ne considère que la fin apparente, la vanité parait la passion dominante que l'épargne et la cupidité ne font que servir, mais le comportement, jusque dans la manière dont la vanité se satisfait, est bien d'un avare.

Le collectionnisme. — Doit-on rattacher le collectionnisme à l'avarice ? Entendons-nous. Le collectionnisme proprement morbide caractérisé par la perte de la notion de valeur et de choix des objets (bouts de papiers, allumettes, débris de toutes sortes) et même du sentiment de la propriété, est un épisode dans la paralysie générale, la démence précoce ou sénile, et ne représente qu'exceptionnellement l'aboutissant de l'avarice et seulement quand celle-ci est la manifestation de tares anciennes, étendues et profondes. Il ne saurait nous retenir. Autre est ce collectionnisme plus ordinairement qualifié de *manie des collections* et parfaitement compatible avec un état normal. Certes, le collectionneur est une sorte de passionné, capable de tout et même de vol pour satisfaire son désir ; ce qu'il

(1. *Journal des praticiens*, 3 mai 1913.

recherche et amasse avec amour est quelquefois des
plus futiles, et, dans ce cas, on peut penser à l'affaiblissement intellectuel et à la régression vers le collectionnisme morbide. En outre, on naît collectionneur, on
le devient plus rarement, mais on change assez facilement l'objet de la recherche. Je connais un homme très
distingué, qui, étant jeune, fit collection de timbres,
puis d'insectes ; envoyé plus tard dans les Alpes, il
collectionna les minéraux ; envoyé dans l'ouest, les
objets préhistoriques ; dans le nord, les faïences et les
vieux meubles. Il faut qu'il fasse collection de quelque
chose, et presque tous les vrais collectionneurs en sont
là ; de plus, ils se laissent aisément influencer par les
autres collectionneurs et la vue des objets collection-
nés. Or, remarquons : 1º que la manie des collections
suppose une intelligence développée et variée, de l'activité, des contacts multipliés, incompatibles avec l'avarice, mais non avec la cupidité ; 2º que le collectionneur
est prodigue et dépense sa fortune pour réunir des objets qui ont, à ses yeux, une valeur absolue, mais peuvent n'avoir aux yeux des autres qu'une valeur relative ; sa poursuite n'a donc pas la même signification
que celles de l'avare ou du cupide ; 3º cependant les
objets récoltés, ayant une valeur relative, donc valant
tantôt peu, tantôt beaucoup, suivant le moment ou
la personne, peuvent être considérés comme des moyens
de spéculation et de gain, et alors le collectionneur fait
une sorte de placement, qui, par le risque, le distingue
de l'avare, et, par l'échéance incertaine et indéterminée,
du cupide, mais le rapproche du joueur ; 4º enfin tout
véritable collectionneur possède nécessairement un
esprit classificateur, analytique, précis, amoureux des
détails, esprit utile, qui, tout en demeurant incapable
de généralisations hardies, fournit cependant aux intel-

ligences synthétiques beaucoup des matériaux dont elles usent. Il ne faut pas oublier, en effet, que la plupart des musées les plus justement admirés ont été faits de la dépouille des collectionneurs, qui ont ainsi contribué, d'une manière plus ou moins directe, au développement de la science et à la culture des arts. Il s'en suit que ni par son contenu, ni par les services appréciables qu'elle rend si souvent, la manie des collections ne peut être considérée comme une déviation dangereuse de l'instinct d'épargne ou de l'amour de la propriété (1).

*
* *

Influence de l'âge, du sexe et de la profession. — Comment et pourquoi dévie l'instinct d'épargne ? Pour tâcher de nous en rendre compte, nous allons procéder à notre enquête habituelle.

Ni les enfants, ni les adolescents ne sont vraiment avares ; c'est à peine si quelques-uns manifestent le goût de l'économie ; mais alors, apparu de très bonne heure, ce goût peut se développer, se fixer et devenir à l'âge mûr de l'avarice ou de la cupidité, qui se montrent cependant de préférence aux approches de la vieillesse. Peut-être le sentiment d'impuissance éprouvé à ce moment contribue-t-il à créer la peur de manquer. Il est probable que d'autres circonstances encore interviennent, car M. Rogues de Fursac a observé que la

(1) Dans sa très intéressante étude : *Essai sur le collectionnisme* (Paris, 1921), qui a paru pendant que le présent livre était à l'impression, M. H. Coder a exposé la question d'une manière fort experte, indiquant les éléments du contenu de cette « petite » passion (instinct de la propriété, amour du jeu, esprit de classement), son évolution, ses formes, sa signification au point de vue médico-légal. En ce qui concerne le simple collectionneur, les idées de l'auteur ne s'éloignent d'ailleurs pas sensiblement de celles que j'apporte ici.

perte d'un enfant unique et le célibat, notamment, semblent, par le chagrin, la dépression, l'isolement qui s'en suivent, favoriser l'organisation de l'avarice.

Autant qu'on le sache, le sexe n'a guère d'influence. S'il y a plus d'hommes avares que de femmes, c'est qu'à l'homme appartient d'ordinaire l'administration de la fortune. Cet avantage, la femme ne tarde pas à se le réserver quand elle est avare et elle exerce alors la même rigide domination. La seule remarque à faire ici est que l'avarice se montre un peu plus précoce chez la femme et peut y revêtir le caractère particulier que nous avons signalé.

En apparence, la situation, la profession, le milieu exercent une influence plus nette. Parmi les classes riches, l'avarice vraie est beaucoup plus rare que la cupidité, et on en comprend la raison sans peine ; parmi les ouvriers, il n'y a ni avares, ni cupides, tandis que les envieux ne s'y comptent pas ; les conditions de la vie prolétarienne et le développement des assurances (accidents-maladies) y détruisent chaque jour davantage l'instinct d'épargne. Au contraire, le paysan est volontiers regardé comme un type d'avare, à tort en réalité, car si le paysan pratique en effet souvent la lésine, s'il bourre et garde jalousement son bas de laine, ce n'est qu'en vue d'acquérir du « bien », d'arrondir ses terres, non d'immobiliser définitivement la richesse mais de l'utiliser à sa convenance. Il n'y a donc pas diminution du capital collectif, mais mise en réserve momentanée, en vue de fins profitables, d'une partie de ce capital. Il est bien certain néanmoins que certains paysans, placés dans les conditions d'âge, d'isolement, etc., mentionnées ci-dessus, poussent l'économie et la peur de manquer si loin qu'ils se transforment en avares véritables et en acquièrent tous les caractères. En fait, ce sont les rentiers qui paient surtout tribut à cette passion, et on pressent pourquoi. En effet, le rentier (ou le retraité, ce qui est tout comme) ne peut et ne doit compter, pour pourvoir à ses besoins, que sur ses rentes ; par son défaut d'activité, par son inaptitude ou par son âge, il s'assimile au vieillard, suivant la juste expression d'Émile FAGUET. Or, d'une part, ses rentes sont sensiblement fixes, tandis que le prix de toutes choses subit de grandes variations et plutôt vers la hausse que la baisse ; de l'autre, elles courent certains risques, diminution du taux de l'intérêt, catastrophes financières, guerres, banqueroute de l'État. Contre ces éventualités, le rentier, qui souvent n'a amassé son pécule que par un dur et long travail, n'a qu'un moyen de se protéger, l'économie la plus stricte. Cette économie, il l'a parfois déjà pratiquée toute sa vie ; il se trouve habitué à ses exigences. Mais, ici encore, la restriction des contacts, la solitude, l'âge exagèrent le sentiment d'impuissance, la pusillanimité et la peur de manquer ou bien aggravent les anciennes tendances et les cristallisent en avarice. De cette première partie de notre enquête une seule constatation se dégage un peu nettement, à savoir que l'avarice, vraie ou pusillanime, apparaît de préférence à la suite de circonstances amenant un certain degré d'insuffisance psychologique.

Influence de la race. — Se doute-t-on de l'influence de la race sur l'avarice ? Voici les faits, résumés par M. ROGUES DE FURSAC. Dans les pays anglo-saxons et notamment aux États-Unis, l'avarice est extrêmement rare, si rare que les prêtres des diverses religions ont cessé d'y faire allusion dans leurs sermons et leurs prêches, mais ceci depuis une date relativement récente. Au contraire, dans les pays celtiques et slaves, elle est

assez fréquente et s'y présente avec des allures sem-
blables, comme le montre la comparaison du « Puchkine »
de Gogol et du « Père Grandet ». Mais est-ce la race ou
le milieu social qui intervient ? En effet, l'anglo-saxon
se livre surtout à l'industrie et au négoce, le celte et le
slave à l'agriculture. Or, nous avons vu que l'industria-
lisme est peu favorable à l'avarice tandis que la vie
rurale y dispose. Donc c'est le milieu social qui agit
surtout, et on est d'autant plus porté à le croire que la
disparition à peu près complète de l'avarice dans les
pays de langue anglaise coïncide avec le développement
du machinisme. Même en France, depuis l'entrée en
action de ce même facteur, l'avarice diminue de fréquence. Pourtant remarquons qu'il y a, en Grande-
Bretagne et en Amérique, des paysans et des rentiers,
mais ils n'ont pas la même mentalité que les nôtres ;
moins routiniers, plus entreprenants, ils perfectionnent
les méthodes d'exploitation, tendent à les industria-
liser et placent leurs fonds dans les banques, et s'ils
agissent ainsi c'est qu'ils éprouvent moins la crainte
du risque et la peur de manquer. C'est précisément
parce que les celtes — et, sous ce rapport, les slaves
s'en rapprochent — possèdent l'esprit de conservatisme
et de routine que les rentiers, les gens économes et parcimonieux sont si nombreux parmi eux. Cette différence de mentalité acquiert ainsi une importance de
caractère ethnique et je crois que, de ce point de vue,
on a raison de faire de l'économie une des vertus de la
race française. S'en suit-il qu'ici économie soit synonyme
d'insuffisance psychologique ? Assurément non, mais
il est inutile aussi de dissimuler que le cerveau français
paraît en moyenne moins apte que le cerveau anglo-
saxon à comprendre les lois de l'Économique et à en
tirer parti, et que ses habitudes d'épargne, ignorées de

l'Américain, de l'Anglais et de l'Allemand, viennent de là.

Influence des maladies et de l'hérédité. — L'avare, le plus habituellement, se porte bien, et cela explique qu'on n'ait guère eu l'occasion d'étudier l'influence des maladies. M. BOIGEY cependant cite, à ce sujet, une observation intéressante. « J'ai connu, dit-il (1), un avocat qui souffrait périodiquement, et parfois pendant de longues semaines, de crises rhumatismales et goutteuses. Il n'usait alors de ses revenus, qui étaient considérables, qu'avec une parcimonie sordide. Au contraire, sa générosité était proverbiale pendant les périodes de bonne santé. » Voici une autre observation concernant une femme de 68 ans, propriétaire de la maison de rapport qu'elle habitait à Paris ; riche en somme puisqu'on trouva, après sa mort, plus de 200.000 francs en or et en billets, elle vivait seule et très misérablement, ne se chauffant jamais, à peine vêtue, se nourrissant d'un peu de pain et de lait, touchait elle-même les quittances de loyer et faisait l'office de concierge. Bien que très dure avec ses locataires, un de ceux-ci lui offrit un jour un verre d'eau-de-vie ; cet alcool, pour quelques heures, la transforma et en fit une personne moins rébarbative, de quoi du reste les autres locataires s'aperçurent et, à partir de ce moment, ce fut à qui lui procurerait de la liqueur. Sitôt, en effet, qu'elle avait deux ou trois petits verres dans l'estomac, elle devenait accommodante ou bien allait s'acheter de la nourriture et des vêtements. Elle succomba, peu après, à une pneumonie. Ces deux observations concordent : quand l'avocat était déprimé par la maladie, il devenait avare ; et quand la vieille femme était excitée par l'alcool, elle cessait de l'être.

(1) *Op. cit.*, p. 173.

A en croire l'expression populaire : « à père avare, fils prodigue », l'avarice ne serait pas héréditaire ; et de fait, même les fils d'avares, pliés aux habitudes de leur père, ne deviennent qu'exceptionnellement avares. En revanche, l'avarice semble s'intercaler souvent, dans les familles tarées, parmi les manifestations névropathiques, puisque M. Rogues de Fursac, sur 74 cas de troubles neuro-psychiques variés, appartenant à 18 familles, trouve 31 fois l'avarice (1). En cette occurrence, l'avarice n'est que l'expression d'un état diathésique héréditaire à symptômes multiples et se confond avec l'avarice morbide, épisodique, dont il a été parlé. Néanmoins, elle évolue, et c'est ce qu'il importe de retenir, sur un terrain dont l'un des caractères est l'insuffisance psychologique marquée.

L'insuffisance psychologique et ses causes. — De notre enquête ressort donc cette conclusion que l'avarice n'apparaît que chez les insuffisants psychologiques. Mais cette conclusion banale ne nous apprendrait pas grand'chose si nous ne cherchions à préciser ce qu'est l'insuffisance psychologique et quelles sont les causes spéciales qui la font s'exprimer sous forme d'avarice.

L'insuffisance psychologique est l'état d'un système nerveux central, cérébro-spinal, qui fonctionne mal, qui, plus exactement, est incapable de l'activité d'un système normal. Elle peut se manifester de différentes manières, non seulement par la restriction de certaines fonctions neuro-psychiques alors que d'autres sont au contraire exagérées, comme on l'a vu dans la jalousie et la colère, mais aussi par une restriction générale portant à peu près également sur toutes les fonctions, et c'est là ce qui caractérise particulièrement l'avarice.

(1) *Op. cit.*, pp. 147-149.

Chez l'avare, une certaine activité mentale, sensibilité, imagination — sinon perception, mémoire et intelligence — est réduite dans les mêmes proportions que l'activité physique et ce qui s'y rapporte, nourriture, habillement, confort, travail, contacts, etc. Par conséquent, il s'agit d'une insuffisance générale dont nous préciserons tout à l'heure la nature. Cependant il est tout de suite à noter que les renseignements recueillis sur les personnes devenues avares établissent que, de tout temps et souvent dès leur jeunesse, ces personnes se sont montrées peu entreprenantes, peu imaginatives, dépourvues ou presque d'affectivité, renfermées, solitaires. Sur cet état, congénital ou acquis, diverses circonstances, l'affaiblissement dû à l'âge, un chagrin, l'isolement consécutif à un deuil, la situation sociale, la menace de risque, la maladie, sont intervenues, ainsi que nous l'a appris l'enquête précédente, pour développer et fixer en idée dominante la peur de manquer et l'amour absolu de l'argent.

Les causes de ce défaut d'activité originel n'ont jamais été, à ma connaissance, sérieusement recherchées. C'est ainsi que les psychiatres, trompés ou égarés par l'état sanitaire de l'avare, n'ont envisagé que la psychonévrose, en lui rattachant comme dérivés les troubles somatiques constatés par hasard. Quand, par exemple, on fait des analyses d'urines en série d'avares, on observe une diminution extraordinaire des échanges, qui est attribuée à la restriction alimentaire et à l'activité musculaire réduite. Mais si l'on examine attentivement ces analyses détaillées, on s'aperçoit qu'un autre facteur doit jouer un rôle. En effet, l'élimination de l'acide phosphorique total et de la magnésie est abaissée bien au-dessous de la normale et répond, à quelques milligrammes près, à la quantité de ces substances contenues dans les aliments ingérés. Maintenant faisons manger l'avare ou, pour que l'expérience soit plus concluante, donnons-lui simplement 60 à 100 centimètres cubes d'eau-de-vie ; les urines du lendemain présenteront une élimination phosphorique et magnésienne beaucoup plus élevée, même si la ration est restée ce qu'elle était auparavant. A quoi répond l'augmentation de l'élimination ? Évidemment à une activité plus grande obtenue artificiellement par l'alcool. En faisant manger convenablement le sujet, on constate un résultat semblable, en même temps qu'une atténuation de l'avarice (voir plus loin). Reprenons nos recherches d'une autre manière, en étudiant les enfants ou les jeunes gens, peu entreprenants, peu affectifs, renfermés, solitaires, parcimonieux, qui semblent de l'étoffe dont se font plus tard les avares ; nous constatons encore la même chose, à savoir que les échanges phosphoriques et magnésiens sont réduits à la contenance alimentaire, et tombent parfois au-dessous en raison des nécessités du développement. Mais la physiologie ne nous apprend-elle pas, — ce qu'ont confirmé les beaux travaux d'urologie clinique de M. Albert Robin, — que les échanges sont en rapport avec l'activité, donc avec l'assimilation fonctionnelle, et que, par conséquent, les échanges réduits, trop abaissés, constituent le signe d'une nutrition insuffisante, ici du système nerveux, et, hypothétiquement, du sympathique et des centres bulbo-médullaires en particulier. De telle sorte que l'insuffisance psychologique n'est que l'effet d'une insuffisance de la nutrition nerveuse, qui peut elle-même avoir sa source dans des troubles digestifs, hépatiques, endocriniens, des modifications humorales toxiques, des dispositions héréditaires, et que l'avare avec tous les caractères que sa passion comporte représente un individu dont les éléments nerveux, mal nourris ou plutôt placés dans des conditions où l'assimilation fonctionnelle se fait incomplètement, ne sont en mesure de fournir qu'une activité limitée. En définitive, l'avarice apparaît comme une déviation instinctive à allure défensive, analogue sous ce rapport, mais dans une sphère moins étendue, à la paresse, qui s'atténue et cède quand le système nerveux est mis à même d'assimiler et de fonctionner mieux. Et nous verrons que les améliorations obtenues par une certaine thérapeutique confirment cette déduction.

Inconvénients et dangers de l'avarice. — L'avare est un fléau, c'est entendu. Mais pour qui ? Pas pour lui-même en tout cas. Il jouit généralement d'une bonne santé, il s'impose volontairement des privations qu'il supporte fort bien, il se retranche de la société et évite ainsi les charges, les heurts et les conflits, il asservit à ses habitudes tous ceux qui l'entourent et goûte enfin des joies indicibles à contempler son trésor. Sans doute il est méfiant, inquiet et sans cesse tourmenté de mettre sa fortune en lieu sûr ; mais, sauf certains pusillanimes et quand la déviation tourne à la paranoia, ces préoccupations ne prennent point une allure très grave et constituent une espèce de compensation, acceptée du reste, aux satisfactions dont il jouit par ailleurs.

S'il est un fléau, c'est donc pour les autres. Par son insuffisance nerveuse, l'avare, en effet, est un grand désadapté de la vie collective. D'affectivité diminuée, ayant le sens de la solidarité totalement obnubilé, il est dépourvu de tout sentiment généreux, altruiste, à l'égard de ses proches, de ses concitoyens, de sa patrie. S'il a des enfants, il s'en désintéresse, néglige leur éducation, en fait des insuffisants, qui deviendront des inaptes à leur tour, avares ou prodigues, quelquefois délinquants ou psychasthéniques. Rien ne peut l'émouvoir, ni la misère de ses parents, ni la détresse des pauvres gens, ni les calamités publiques. Dans l'organisme social, il est une cellule isolée, vivant presque sur elle-même, recevant peu mais ne donnant jamais rien.

L'avare n'est pas seulement inutile, il est aussi nuisible ; nuisible en ne faisant pas pour ses proches, pour ceux qui en ont réellement besoin, ce qu'il pourrait, et laissant ainsi assumer par l'État, c'est-à-dire par la collectivité, les charges dont il lui appartiendrait de prendre sa part ; nuisible en accaparant la richesse, en la retirant de la circulation, en diminuant par là le bien-être général et en contribuant à augmenter la misère et le coût de la vie ; nuisible enfin en annihilant la richesse qu'il a accumulée et qui, tapie dans d'introuvables cachettes, se trouve à sa mort, perdue pour tout le monde. N'est-ce pas cette nuisance qui, autant que sa dureté et sa manière de vivre, justifie le mépris dont l'avare est l'objet et l'aversion qu'il soulève ?

Y a-t-il un traitement de l'avarice ? — Actuellement, l'opinion dominante est qu'il n'y a pas de traitement de l'avarice, de traitement psychologique bien entendu, car, au traitement somatique, nul n'a songé. « Quelle que soit la confiance des médecins contemporains dans la psychothérapie (1), écrit M. ROGUES DE FURSAC (2),

(1) Cette confiance a beaucoup baissé depuis 1911.
(2) *Op. cit.*, p. 184.

je doute qu'il s'en soit trouvé un seul pour entreprendre
la cure d'un avare, et si quelque audacieux essaie un
jour la puissance de ses suggestions contre l'avarice,
on peut, sans vouloir se poser en prophète, lui prédire
un échec. »

Cette affirmation décourageante n'intéresse, il est
vrai, que l'avarice morbide, celle qui apparaît sur un
terrain neuro-psychique profondément taré, car, dans
ce cas, ce n'est pas l'avare qui devient fou, mais le fou
qui devient avare. Or, la situation des avares que nous
avons étudiés n'est point la même ; quelque bizarre et
désadaptée que soit parfois leur existence, cependant la
plupart ne commettent aucun acte d'insanité ; en second
lieu, la cause de leur insuffisance psychologique, que
nous avons été amenés à trouver dans un vice de l'assimilation fonctionnelle nerveuse, doit certainement être
accessible à certains moyens thérapeutiques. Double
raison pour que nous ne nous en tenions pas à la conclusion de M. Rogues de Fursac, et que nous tentions
d'entreprendre, par des moyens nouveaux, la cure de
l'avarice.

Cure alimentaire et moyens connexes. — Dans cette
voie nous n'avons pas été guidés seulement par les recherches cliniques et urologiques rappelées ci-dessus,
mais aussi par diverses constatations. Ainsi M. Pierre
Janet avec la lécithine, M. P. Marie avec des préparations opothérapiques, ont obtenu des résultats fort in-
téressants dans certaines névropathies par insuffisance.
De son côté, M. Rogues de Fursac n'a pas manqué de
noter que les plaisirs de la table sont ceux qui persistent
le plus volontiers chez les avares, que ceux-ci témoignent
d'un excellent appétit quand ils ne mangent pas à leurs
frais et que même un de ses malades accordait assez
facilement un délai à son créancier en retard lorsque

ce dernier lui offrait un copieux repas au cabaret (1).

Suivant ces données, trois avares, dont une femme, ont été traités par le procédé qui avait réussi au susdit créancier ; en d'autres termes, on les a alimentés assez largement. Le succès fut remarquable et donna lieu aux remarques suivantes : 1° l'avare, malgré les restrictions alimentaires qu'il s'impose et peut-être à cause d'elles, supporte, sans le moindre trouble, une nourriture momentanément abondante ; 2° pendant la période d'euphorie qui suit les repas, l'avarice se relâche et est en partie mise de côté ; 3° au début, après la période d'euphorie (quelques heures, 12 à 24 au maximum), survient une réaction pendant laquelle l'avare s'isole et regrette, le cas échéant, ses concessions et ses dépenses ; 4° cette réaction est critique ; il faut à ce moment forcer, pour ainsi dire, la porte de l'avare, ce qui n'est point toujours facile. Si l'on réussit, la vue et l'odeur des victuailles apportées déterminent presque toujours une détente, favorisée par le souvenir et l'appétence actuelle. Alors l'avare hébergé se transforme en amphitryon ; la crise est conjurée et il n'y a plus qu'à entretenir avec précaution les tendances et les habitudes en train de se créer. Certes, on constate des retours d'avarice ; mais, bien surveillés, ils sont de courte durée ; plus à craindre, en somme, est l'organisation d'une autre déviation. La dame, mentionnée plus haut (il ne s'agit pas de la propriétaire-concierge), améliorée d'une incroyable lésine, manifesta très vite une propension à l'intempérance contre laquelle il fallut la garer. Elle, qui n'avait presque jamais bu de vin, se mit à avaler une bouteille de bourgogne à chaque repas, et du bon ; restée ladre pour les dépenses somptuaires, elle achetait libéralement vins et liqueurs.

(1) *Op. cit.*, p. 71.

Ce traitement, je le reconnais sans peine, n'est pas commode à appliquer, et on ne voit guère le médecin invitant les avares qu'il veut guérir à sa table et s'invitant à la leur. L'entourage, qui a parfois intérêt à atténuer les restrictions dont il souffre, serait à même de rendre de grands services, mais femme et enfants sont annihilés et l'avare solitaire n'a pas d'amis. D'ailleurs, dans cet ordre d'entreprise, l'avare se méfie moins d'un étranger que des siens. A ces difficultés, quelques moyens connexes pallient en partie. L'effet de la cure alimentaire est subordonné à l'assimilation fonctionnelle des éléments nerveux, contrôlée par l'analyse des urines, et à la reprise du besoin d'activité que souligne une augmentation lente et progressive de la pression vasculaire et des échanges respiratoires. Un peu de lécithine et de noix vomique, des extraits opothérapiques (surrénale, hypophyse, parfois thyroïde ou encore, suivant les cas, extraits orchitiques ou ovariens), administrés sous une surveillance assidue, pourraient favoriser l'action de la cure alimentaire, tout au moins déterminer une première amélioration de l'insuffisance somatique imposant presque l'accroissement de la ration et le retour à une bonne nutrition générale. Malheureusement, l'avare ne se sent point du tout malade et, s'il accepte les bombances qu'on lui offre, il refuse de payer des médicaments dont il ne croit aucunement avoir besoin, de telle sorte que, sa volonté tyrannique s'y opposant par surcroît, le traitement demeure délicat et malaisé. Malgré tout, et étant donné l'aveu d'impuissance de la psychothérapie, ce traitement doit être tenté, puisque, si le médecin réussit à l'appliquer correctement, il donne des résultats prompts et très satisfaisants.

CONCLUSIONS

Si imparfaite que soit cette étude, certaines conclusions me paraissent cependant s'en dégager.

1º Il faut se garder de croire qu'un individu passionné soit, par le fait même, un névropathe. Cette manière de voir tend à se répandre ; elle n'en est pas moins erronée. Ce qui caractérise le névropathe, c'est un affaiblissement général du système nerveux portant en particulier sur les fonctions psychiques et amenant la régression et la dissociation de ces fonctions. De là des manifestations variées, parmi lesquelles la passion peut prendre place au même titre que les idées fixes ou les obsessions, les amnésies ou les doutes, les paralysies ou les phobies. Si donc, par hypothèse, nous débarrassons le névropathe de son libertinage, de sa jalousie ou de sa vanité, il reste tout de même hystérique ou psychasthénique. Il n'en est pas ainsi chez le passionné ordinaire. Supprimez sa passion et le voilà redevenu normal, capable d'accomplir les fonctions et les rites les plus compliqués de la vie collective. Dans les deux cas cependant la déviation instinctive présente, à la gravité près, les mêmes caractères; mais, dans le premier, elle n'est qu'un accident de la maladie; dans le second, elle constitue (ou paraît constituer), à elle seule, toute la maladie. Naturellement, entre la passion et la névropathie, il y a tous les intermédiaires, et on ne saurait leur tracer des limites rigoureuses.

2° Cette différence réelle et qui ne peut échapper à aucun observateur a sa raison dans la cause qui intervient. Ainsi que je me suis efforcé de le démontrer à propos de chacun des péchés capitaux, la passion a son origine dans un trouble viscéral et endocrinien qui, par le sympathique, altère l'émotivité et réagit sur les centres cérébraux, non sur tous à la fois, mais seulement sur ceux qui sont en rapport avec l'instinct dévié, organisant ainsi secondairement l'état passionnel. Dans les psycho-névroses, il s'agit de tout autre chose. Ici, le système nerveux est profondément atteint, et, sinon en totalité, du moins en grande partie, comme le prouvent la désadaptation et la dégradation d'un grand nombre de fonctions. Cette atteinte est d'ailleurs de date ancienne et souvent congénitale ou héréditaire. Dans les familles névropathiques, on voit les troubles alterner et se succéder aussi bien des parents aux enfants que chez le même sujet. Il n'y a rien d'étonnant, par conséquent, à ce que les territoires cérébraux répondant aux instincts élémentaires soient touchés et provoquent des manifestations passionnelles, d'autant que les troubles somatiques, primitifs ou secondaires, qui se produisent également peuvent retentir sur ces instincts. Mais alors les manifestations passionnelles ont d'autres caractères que les passions pures ; elles sont plus compliquées, plus graves, s'associent à toutes sortes de désordres. Ce sont ces formes morbides de la passion, que nous avons pris soin de toujours distinguer des formes ordinaires, banales, seules étudiées dans ce livre, formes morbides que les psychiatres connaissent à peu près exclusivement. Voilà sans doute pourquoi ils se

refusent, d'une part, à admettre l'origine purement
viscérale de la passion simple, de l'autre, à ne pas voir
dans la passion l'expression d'une dépression psychologique généralisée, donc, en réalité, d'une maladie
mentale.

3° Par la pathogénie précédente, on s'explique l'extraordinaire fréquence des passions. Il n'est guère
d'hommes et de femmes qui n'aient, plusieurs fois au
cours de leur existence, sacrifié à leurs passions, gourmandise ou luxure, paresse, colère, vanité, que sais-je
encore ? Soutenir que tous ces gens-là ont été ou sont
des névropathes équivaudrait à reconnaître que la névropathie est la maladie universelle. Elle explique également que la passion résiste mieux peut-être que les
psycho-névroses aux procédés psychothérapiques, qui,
n'influençant que l'état psychologique, n'atteignent pas
la cause agissante, tandis qu'elle cède, et parfois définitivement, au traitement des troubles sympathico-viscéraux et endocriniens. Nonobstant, comme la zone
mentale de l'instinct dévié a pu contracter des habitudes fâcheuses qui jouent ensuite d'une manière autonome, il est avantageux de recourir à la psychothérapie,
dès que l'affection organique causale se trouve améliorée,
car ses effets sont dès lors plus faciles à redresser et à
supprimer. Jusqu'ici, on faisait le contraire : punitions,
réprimandes, bons conseils, persuasion étaient seuls
employés tout d'abord par les parents, les pédagogues
et les ministres de la religion, et ce n'est qu'ensuite,
quand les troubles se compliquaient et s'aggravaient,
qu'on se résignait à faire appel au médecin. On comprend maintenant pourquoi il faut, en premier lieu,
s'adresser au médecin, seul capable de dépister les altérations organiques originelles et d'en indiquer le traitement.

4° Les conséquences réelles des passions sont toujours sérieuses pour l'individu et la collectivité, et les dangers qui résultent de leur extension croissante et sans frein menacent évidemment la vigueur et la durée de la race. Il ne faut pas se dissimuler que c'est là le fruit des conditions de la vie actuelle et des innombrables fautes que l'on commet à chaque instant, *nolens volens*, contre les lois de l'hygiène corporelle et mentale, si bien que, en définitive, les mêmes facteurs, surmenage, encombrement, intoxications, transplantation, contaminations par insuffisance de protection consentie, sont à la source des passions et des maladies sociales, et c'est pourquoi nous avons eu si souvent l'occasion d'en montrer les relations et les retentissements réciproques. Contre ces dernières, la lutte est maintenant partout entreprise, et nous devons espérer que, enfin coordonnée et ayant réalisé l'unité de front et de commandement, elle arrivera à enrayer, par son action sur les facteurs qui les commandent, l'un et l'autre fléaux, en attendant que la complète éducation du public achève de nous en rendre simultanément maîtres.

TABLE DES MATIÈRES

CHAPITRE PREMIER
NOTIONS PRÉLIMINAIRES

CHAPITRE II
LA GOURMANDISE

CHAPITRE III

LA PARESSE

CHAPITRE IV

LA LUXURE

CHAPITRE V

LA JALOUSIE

CHAPITRE VI

LA COLÈRE

CHAPITRE VII

L'ORGUEIL

CHAPITRE VIII

L'AVARICE

5075. — Tours, Imprimerie E. ARRAULT et Cⁱᵉ